Kochen mit der

Thermo-küchenmaschine

schnell und gesund

köstliche Rezepte

mit dem Alleskönner

Vivo buch

Kochen mit der

Thermoküchenmaschine

schnell und gesund

köstliche Rezepte mit dem Alleskönner

Vivo buch

Einleitung

Kochen mit der Thermoküchenmaschine,

jetzt geht`s los, werden Sie sagen, wenn Sie das beste Stück, was die Küchentechnik zur Zeit zu bieten hat, in Ihrer Küche aufgestellt haben. Ja jetzt kann es los gehen, doch wie es bei allen neuen Geräten ist, bedarf es einer kleinen Zeit der Einarbeitung. Beim Kochen mit der Thermoküchenmaschine gilt es sich von einigen alten Kochweisen zu lösen. So müssen Sie Ihre Arbeitsweise manchmal etwas umstellen, gerade wenn Sie z. B. Gemüse zerkleinern möchten, es aber erst später benötigen. Die Kraft des Mixers wird Sie am Anfang überraschen und so manches Gemüse wird manchmal dann schon zu klein sein, bevor Sie Ihre Maschine ausgeschaltet haben. Testen Sie deshalb Ihr Gerät mit kleinen Schritten und lesen Sie sich vor dem Gebrauch die Gebrauchsanweisung der jeweiligen Hersteller genau durch.

Ganz wichtig ist es für jede Hausfrau und für jeden Koch oder Hobbykoch genau zu wissen welche Rühr- oder Mixstufen, welche Temperaturen und welche Knetstufen sein Gerät hat. Probieren Sie es einfach vor dem ersten Kocheinsatz aus. Sie werden ganz schnell herausfinden wie lange es braucht eine Zwiebel zu zerkleinern und diese anzuschwitzen, Gemüse zu hacken um daraus einen Salat zu zaubern oder einen Eintopf zuzubereiten. Und wie lange dauert es um einen halben Liter Flüssigkeit zum Kochen zu bringen? Auch das ist wichtig für die Zubereitung von Suppen und Eintöpfen, von Geschnetzeltem oder von Gulasch. Denn wenn die Flüssigkeit heiß genug ist kann die Gartemperatur zurückgeschaltet werden um das Gericht schonend fertig zu garen.

Mit welchen zusätzlichen Einsätzen (Dampf-Gareinsatz oder Dampf-Garaufsatz) oder mit welchen Rühr- und Knethaken das Gerät ausgestattet ist, auch dies ist für Ihren sicheren Umgang mit der Thermoküchenmaschine wichtig. Also ran ans testen, denn es erwarten Sie in unserem Kochbuch viele köstliche Gerichte die Sie alle ausprobieren sollten. Wir haben für Sie unsere besten Rezepte zum Thema Thermoküchenmaschine gesammelt und ausprobiert, damit Sie Ihre Lieben damit verwöhnen können. Alle Rezepte sind übersichtlich zusammengestellt, durchgehend mit farbigen Abbildungen versehen und Schritt für Schritt erklärt.

Viel Spaß beim Ausprobieren, gutes Gelingen und einen guten Appetit wünscht Ihnen

Ihre Redaktion.

Inhalt

SUPPEN

SALATE

HAUPTSPEISEN

SMOOTHIES

SÜSSES

MARMELADEN, PESTOS & CO

BROT UND BROTAUFSTRICHE

FEINE KUCHEN

.SUPPEN

Bärlauchsuppe mit Gemüse

ZUTATEN

je 200 g Kartoffeln, Sellerie und Kohlrabi
1 Zwiebel
2 Knoblauchzehen
2–3 EL Butter
500 ml Gemüse- oder Fleischbrühe
2 Lorbeerblätter
1 EL Pfefferkörner
1 TL Pimentkörner
1 TL Kümmel
Salz, Pfeffer aus der Mühle
1 Prise Cayennepfeffer
1 Prise Muskat
100 g Bärlauch
200 g Crème fraîche oder saure Sahne

Außerdem:
100 g in Knoblauchbutter geröstete Croûtons
Bärlauchstreifen zum Garnieren

Variation:

Verwenden Sie statt des Bärlauchs auch einmal Basilikum, Petersilie oder Spinat. Auch Kresse, Feldsalat oder Schnittlauch lassen köstliche Variationen entstehen.

ZUBEREITUNG

1. Die Kartoffeln, den Sellerie und den Kohlrabi putzen, schälen, waschen und in grobe Würfel schneiden. Die Zwiebel und die Knoblauchzehen schälen und beides vierteln.

2. Das Gemüse mit den Zwiebeln und dem Knoblauch in den Thermotopf geben und und auf höchster Mixstufe (einige Sekunden) grob mixen.

3. Die Butter hinzufügen und die Gemüse- oder Fleischbrühe angießen. Die Lorbeerblätter, die Pfefferkörner, die Pimentkörner und den Kümmel in einen Gewürzbeutel geben, in die Suppe legen und das Ganze zum Kochen bringen (8–10 Minuten/100 °C/geringe Rührstufe).

4. Die Suppe mit Salz, Pfeffer, Cayennepfeffer und Muskat kräftig abschmecken und bei mäßiger Hitze (10–12 Minuten/85 °C/geringe Rührstufe) köcheln lassen.

5. Den Gewürzbeutel aus der Suppe nehmen und den verlesenen, gewaschenen und grob geschnittenen Bärlauch hinzufügen.

6. Die Suppe auf höchster Mixstufe (einige Sekunden) pürieren. Die Crème fraîche oder saure Sahne auf niedrigster Mixstufe einrühren und alles bei mäßiger Hitze köcheln lassen (2–3 Minuten/85 °C/geringe Rührstufe).

7. Die Bärlauchsuppe mit Gemüse nochmals kräftig abschmecken. Die Suppe dekorativ anrichten, mit den Knoblauchcroûtons bestreuen, nach Wunsch mit Bärlauchstreifen garnieren und sofort servieren.

Zubereitungszeit: 30 Minuten

Schwierigkeit: leicht

Portionen: Für 4 Personen

Pro Portion:

Kalorien/Joule:
510/2140

Kohlenhydrate:
30 g

Fett:
39 g

Eiweiß:
7 g

Bärlauch:

Kein anderes Kraut hat in den letzten Jahren einen solchen Siegeszug in die Küchen von Hobby- und Profiköchen angetreten wie der Bärlauch. Ob in Suppen, Soßen, Quark- und Frischkäsezubereitungen oder in Salaten, ja selbst in der Backstube – der Bärlauch ist ein Allrounder geworden.

Brokkolicremesuppe

ZUTATEN

400 g Brokkoli
1 Zwiebel
2 Knoblauchzehen
2 EL Butter
300 g Kartoffeln
600 ml Gemüsebrühe
Salz, Pfeffer aus der Mühle
je 1 Prise Muskat, Cayennepfeffer und Zucker
200 ml Sahne

Außerdem:
blanchierte Brokkoliröschen und Knoblauchscheiben zum Garnieren

Variation:
Unsere Brokkolicremesuppe ist das Grundrezept für viele andere Püreesuppen. Verwenden Sie ganz einfach das Gemüse Ihrer Wahl.

ZUBEREITUNG

1. Den Brokkoli verlesen, waschen und in grobe Stücke schneiden. Die Zwiebel und den Knoblauch schälen und grob zerkleinern. Die Kartoffeln schälen, waschen und in Würfel schneiden. Brokkoli, Zwiebeln, Knoblauch und Kartoffeln in den Thermotopf geben und grob mixen (einige Sekunden).

2. Die Butter hinzufügen und das Gemüse kurz anschwitzen (5 Minuten/120 °C/geringe Rührstufe).

3. Die Gemüsebrühe angießen, das Ganze zum Kochen bringen (8–10 Minuten/100 °C/geringe Rührstufe) und mit Salz, Pfeffer, Muskat, Cayennepfeffer und Zucker kräftig abschmecken. Die Suppe bei mäßiger Hitze (10–12 Minuten/85 °C/geringe Rührstufe) garen.

4. Die Suppe anschließend auf höchster Mixstufe (einige Sekunden) pürieren. Die Sahne angießen und die Suppe erneut erhitzen (3 Minuten/85 °C/geringe Rührstufe).

5. Die Brokkoli-Creme-Suppe nochmals nachwürzen und in dekorativen Suppenschalen anrichten. Die Suppe mit blanchierten Brokkoliröschen und Knoblauchscheiben garnieren und sofort servieren.

Zubereitungszeit: 40 Minuten, **Schwierigkeit:** leicht, **Portionen:** Für 4 Personen
Pro Portion: Kalorien/Joule: 350/1470, Kohlenhydrate: 18 g, Fett: 11 g, Eiweiß: 6 g

Knoblauchcroûtons

(ohne Abbildung)

ZUTATEN

Für die Croûtons:
5 Scheiben Toastbrot
2 EL Butter
2 Knoblauchzehen
½ TL gerebelter Rosmarin
½ Bund Petersilie

Pro Portion:

Kalorien/Joule:
160/670

Kohlenhydrate:
12 g

Fett:
11 g

Eiweiß:
1,5 g

ZUBEREITUNG

1. Für die Croûtons das Toastbrot entrinden und in Würfel schneiden. Die Butter in einer Pfanne erhitzen.

2. Die Knoblauchzehen schälen fein hacken mit den Brotwürfeln ins Fett geben und rösten. Den Rosmarin und die verlesene, gewaschene und fein gehackte Petersilie darüberstreuen.

3. Die Knoblauchcroûtons noch warm über die Suppe streuen. Die Knoblauchcroûtons schmecken ganz besonders gut zu allen Püreesuppen.

Karottensüppchen mit Ingwer

ZUTATEN

500 g Karotten
1 Stück (50 g) Ingwerwurzel
1 Zwiebel
2 Knoblauchzehen
1–2 EL Butter
2–3 EL Haferflocken
600 ml Gemüse- oder Geflügelbrühe
Saft von 1 Zitrone
Salz, Pfeffer aus der Mühle
1 Msp. Safran
1 Msp. Korianderpulver

Außerdem:
2 Frühlingszwiebeln
blanchierte Karottenstückchen und Petersilienzweige zum Garnieren

ZUBEREITUNG

1. Die Karotten putzen, schälen, waschen und in grobe Würfel schneiden. Die Ingwerwurzel, die Zwiebel und die Knoblauchzehen schälen und alles vierteln oder grob zerkleinern.

2. Die Karotten mit dem Ingwer, der Zwiebel und dem Knoblauch in den Thermotopf geben und grob mixen (einige Sekunden).

3. Die Butter hinzufügen. Das Gemüse mit den Haferflocken bestreuen und die Gemüse- oder Geflügelbrühe und den Zitronensaft angießen. Das Ganze zum Kochen bringen (8–10 Minuten/100 °C/geringe Rührstufe).

4. Die Suppe bei mäßiger Hitze (10–12 Minuten/85 °C/geringe Rührstufe) garen. Anschließend die Suppe auf höchster Mixstufe (einige Sekunden) fein pürieren.

5. Die Suppe mit Salz, Pfeffer, Safran und Korianderpulver abrunden. Das Karottensüppchen dekorativ anrichten und mit den in feine Scheiben geschnittenen Frühlingszwiebeln bestreuen.

6. Das Karottensüppchen mit Ingwer mit blanchierten Karottenstückchen und Petersilienzweigen garnieren und sofort servieren.

Variation:
Ganz aromatisch wird das Karottensüppchen, wenn Sie nur 400 ml Gemüse- oder Geflügelbrühe verwenden und dann zusätzlich 200 ml frisch gepressten Orangensaft in die Suppe geben.

Zubereitungszeit: 35 Minuten

Schwierigkeit: leicht

Portionen: Für 4 Personen

Pro Portion:

Kalorien/Joule: 160/670

Kohlenhydrate: 11 g

Fett: 11 g

Eiweiß: 2 g

Karotten:
Karotten lassen sich sehr gut in erster Linie für geschnittene Dekorationen verwenden. Dekorationen mit Karotten bleiben sehr lange frisch und ansehnlich, da das Karottenfruchtfleisch sehr hart ist und sich auch über längere Zeit hin wenig verändert. Ähnlich wie bei Rettichen, Gurken und Zucchini können die Karotten zu Blüten, Blumen, Kronen oder Schiffchen geschnitten werden. Wer ein besonderes Händchen für das Schnitzen hat, der kann die Karotte mithilfe von Schnitzwerkzeug bearbeiten.

Kartoffelsuppe mit Speck

ZUTATEN

500 g Kartoffeln
2–3 EL Butter
1 Zwiebel
2 Knoblauchzehen
600 ml Gemüse- oder Fleischbrühe
2 Lorbeerblätter
1 EL Pfefferkörner
1 TL Pimentkörner
1 TL Kümmel
Salz, Pfeffer aus der Mühle
1 Prise Cayennepfeffer
1 Prise Muskat
200 ml Créme fraîche oder süße Sahne

Außerdem:
125 g durchwachsener, geräucherter Speck
1 kleine Stange Lauch
geschlagene süße Sahne
1 Kästchen Kresse

Variation:
Probieren Sie einfach mal die Kartoffeln durch Süßkartoffeln oder Kürbis zu ersetzen. Diese Variationen werden jeden Feinschmecker überzeugen.

Zubereitungszeit: 30 Minuten

Schwierigkeit: leicht

Portionen: Für 4 Personen

Pro Portion:

Kalorien/Joule: 560/2350

Kohlenhydrate: 24 g

Fett: 46 g

Eiweiß: 7 g

ZUBEREITUNG

1. Die Kartoffeln schälen, waschen und vierteln. Die Zwiebel und die Knoblauchzehen schälen und grob zerkleinern.

2. Die Kartoffeln mit der Zwiebel und dem Knoblauch in den Thermotopf geben und alles grob mixen. Die Butter dazugeben und alles kurz anschwitzen (5 Minuten/120 °C/geringe Rührstufe).

3. Die Brühe angießen und das Ganze zum Kochen bringen (8–10 Minuten/100 °C/geringe Rührstufe). Die Lorbeerblätter, die Pfefferkörner, die Pimentkörner und den Kümmel in einen Gewürzbeutel geben und in die Suppe legen.

4. Die Suppe mit Salz, Pfeffer, Cayennepfeffer und Muskat kräftig abschmecken und bei mäßiger Hitze (10–15 Minuten/85 °C/geringe Rührstufe) garen. Anschließend den Gewürzbeutel aus der Suppe nehmen und die Suppe auf höchster Mixstufe pürieren.

5. Die Créme fraîche oder Sahne einrühren und bei mäßiger Hitze (3 Minuten/85 °C/geringe Rührstufe) köcheln lassen.

6. Den in dünne Scheiben geschnittenen Speck in einer Pfanne kross braten und aus der Pfanne nehmen. Den Lauch putzen, waschen, abtropfen lassen, in feine Streifen schneiden, ins Speckfett geben und kurz glasig schwitzen.

7. Den Lauch in die Suppe geben, diese nochmals erhitzen und mit Salz und Pfeffer abschmecken.

8. Die Kartoffelsuppe in dekorativen Suppentassen oder Glasschälchen anrichten, mit je einem Klacks geschlagener Sahne überziehen, die Speckscheiben in die Sahne stecken, mit der verlesenen, gewaschenen Kresse bestreuen und die Suppe sofort servieren.

Erbsensuppe mit Chili

ZUTATEN

1 Zwiebel
1 grüne oder rote Chilischote
500 g grüne Erbsen (TK-Produkt)
1–2 EL Butter
100 ml Orangensaft
500 ml Gemüse- oder Geflügelbrühe
Salz, Pfeffer aus der Mühle
1 Prise Muskat
1 Prise Cayennepfeffer
1 Prise Zucker

Außerdem:
1–2 rote Chilischoten
1 Bund Petersilienzweige

ZUBEREITUNG

1. Die Zwiebel schälen, vierteln, mit der gewaschenen, halbierten und entkernten Chilischote in den Thermotopf geben und grob mixen (einige Sekunden).

2. Die Erbsen leicht antauen lassen, mit der Butter zu den Zwiebeln geben und alles kurz anschwitzen (5 Minuten/120 °C/geringe Rührstufe).

3. Den Orangensaft und die Gemüse- oder Geflügelbrühe angießen und das Ganze zum Kochen bringen (8–10 Minuten/100 °C/geringe Rührstufe).

4. Die Suppe anschließend auf höchster Mixstufe (einige Sekunden) pürieren und erneut erhitzen (3 Minuten/85 °C/geringe Rührstufe). Die Erbsensuppe mit Salz, Pfeffer, Muskat, Cayennepfeffer und Zucker kräftig abschmecken.

5. Die Erbsensuppe in tiefen Tellern dekorativ anrichten, mit den geputzten, gewaschenen und in Scheiben geschnittenen Chilischoten bestreuen, mit Petersilienzweigen garnieren und sofort servieren.

Zubereitungszeit: 20 Minuten, **Schwierigkeit:** leicht, **Portionen:** Für 4 Personen
Pro Portion: Kalorien/Joule: 220/925, Kohlenhydrate: 18 g, Fett: 11 g, Eiweiß: 8 g

Kräutersüppchen

(ohne Abbildung)

ZUTATEN

1 Zwiebel
400 g gemischtes Gemüse
1 TL Butter, 2–3 EL Haferflocken
500 ml Gemüsebrühe
50 g gemischte Kräuter (Estragon, Dill, Petersilie, Schnittlauch)
200 ml Sahnedickmilch
Salz, Pfeffer aus der Mühle
Cayennepfeffer, Zitronensaft, Zucker
Kräuterzweige zum Garnieren

Pro Portion:

Kalorien/Joule:
110/460

Kohlenhydrate:
7 g

Fett:
7 g

Eiweiß:
4,5 g

ZUBEREITUNG

1. Die Zwiebel schälen, vierteln und in den Thermotopf geben. Den Gemüse putzen, nach Bedarf schälen, in grobe Stücke schneiden, zu den Zwiebeln geben und alles auf höchster Mixstufe grob mixen (einige Sekunden). Die Butter und die Haferflocken hinzufügen.

2. Die Gemüsebrühe angießen und das Ganze zum Kochen bringen (12–15 Minuten/100 °C/geringe Rührstufe).

3. Die verlesenen, gewaschenen und grob gehackten Kräuter mit der Sahnedickmilch in die Suppe geben und das Ganze bei mäßiger Hitze (4–5 Minuten/85 °C/geringe Rührstufe) köcheln lassen.

4. Die Suppe mit Salz, Pfeffer, Cayennepfeffer, Zitronensaft und Zucker kräftig abschmecken und auf höchster Mixstufe pürieren (einige Sekunden).

5. Die Suppe nochmals erhitzen (5 Minuten/120 °C/geringe Rührstufe), nachwürzen und dekorativ anrichten. Das Kräutersüppchen mit Spargelstückchen belegen, mit Kräuterzweigen garnieren und sofort servieren.

Zubereitungszeit: 30 Minuten, **Schwierigkeit:** leicht, **Portionen:** Für 4 Personen

Tomatensuppe mit Basilikum

ZUTATEN

1 Zwiebel
1 Knoblauchzehe
500 g frische Tomaten
2 EL Olivenöl
1 große Dose passierte Tomaten
200 ml Gemüsebrühe
Salz, Pfeffer aus der Mühle
1 EL Zucker
je 1 TL gerebelter Oregano und gerebeltes Basilikum
3 TL Speisestärke
3–4 EL Wasser

Außerdem:
Basilikumblättchen zum Garnieren

ZUBEREITUNG

1. Die Zwiebel und die Knoblauchzehe schälen, vierteln, in den Thermotopf geben und grob mixen (einige Sekunden). Anschließend die Knoblauchzwiebeln kurz anschwitzen (5 Minuten/120 °C/geringe Rührstufe).

2. Die Tomaten waschen, trocken tupfen und den Strunk aus den Tomaten herausschneiden. Die Tomaten auf eine Arbeitsfläche geben und mit einem scharfen Messer vierteln.

3. Die Tomatenviertel mit dem Öl zu den Knoblauchzwiebeln geben und kurz anschwitzen (5 Minuten/120 °C/geringe Rührstufe).

4. Die passierten Tomaten und die Gemüsebrühe angießen, mit Salz, Pfeffer aus der Mühle, Zucker und den gerebelten Kräutern würzen und alles zum Kochen bringen (8–10 Minuten/100 °C/geringe Rührstufe). Bei mäßiger Hitze (5–10 Minuten/85 °C/geringe Rührstufe) köcheln lassen.

5. Anschließend die Suppe auf höchster Mixstufe (einige Sekunden) pürieren und erneut einmal aufkochen lassen (5 Minuten/120 °C/geringe Rührstufe).

6. Die Speisestärke mit dem Wasser glatt rühren und die Suppe damit leicht binden. Die Tomatensuppe in tiefen Tellern dekorativ anrichten, mit frischen Basilikumblättchen garnieren und sofort servieren.

Variation:
Verfeinern können Sie unsere Tomatensuppe auch noch mit fein geraspeltem Ingwer und saurer oder süßer Sahne. Eine besondere Note bekommt das Süppchen auch wenn Sie es mit frisch geschnittenen Frühlingszwiebelröllchen bestreuen.

Zubereitungszeit: 30 Minuten

Schwierigkeit: mittel

Portionen: Für 4 Personen

Pro Portion:

Kalorien/Joule:
45/190

Kohlenhydrate:
6,5 g

Fett:
0,4 g

Eiweiß:
2 g

Tomatenketchup:
3 kg reife Tomaten enthäuten, entkernen, den Strunk herausschneiden, die Tomaten in Scheiben schneiden und in den Thermotopf geben. Eine Zwiebel schälen, eine Chilischote halbieren, entkernen, waschen, beides klein schneiden und zu den Tomaten geben. 150 ml Weißweinessig, 100 g Zucker, 1 Stück geschälte Ingwerwurzel, 1 Prise Muskat, 1 Prise Nelkenpulver, 1 TL weißer Pfeffer aus der Mühle, 1 Prise Muskatblüte, 2 TL gemahlener Piment, 2 TL Curry und 2 EL Salz dazugeben und kochen lassen (10 Minuten/100 °C/geringe Rührstufe und 10 Minuten/85 °C/geringe Rührstufe). Die Tomaten auf höchster Mixstufe pürieren und erneut aufkochen lassen (5 Minuten/120 °C/geringe Rührstufe). Das Tomatenketchup in gut verschließbare Gläser abfüllen, erkalten lassen, die Gläser verschließen und bis zum Verzehr kühl und dunkel aufbewahren.

Rote-Bete-Suppe

ZUTATEN

500 g rote Bete
1 Zwiebel
2 Knoblauchzehen
1 Stück Ingwerwurzel
1 rote Chilischote
2–3 EL Butter
100 ml Weißwein
30 ml Sojasoße
400 ml Gemüse- oder Geflügelbrühe
1 EL Curry
1–2 EL Honig
2–3 EL Estragonessig
Salz, Pfeffer aus der Mühle
Speisestärke zum Binden

Außerdem:
100 g saure Sahne
1 Kästchen Kresse
Koriandergrün oder Petersilienzweige zum Garnieren

ZUBEREITUNG

1. Die Rote Bete waschen, schälen und halbieren oder vierteln und in den Thermotopf geben.

2. Die Zwiebel und die Knoblauchzehen schälen und vierteln. Den Ingwer schälen. Das Gemüse mit der halbierten, entkernten und gewaschenen Chilischote in den Thermotopf geben.

3. Das Gemüse grob mixen (einige Sekunden). Die Butter hinzufügen und alles kurz anschwitzen (5 Minuten/120 °C/geringe Rührstufe).

4. Den Weißwein, die Sojasoße und die Gemüse- oder Geflügelbrühe angießen. Curry, Honig und Essig in die Suppe geben und alles zum Kochen bringen (8–10 Minuten/100 °C/geringe Rührstufe).

5. Die Suppe bei mäßiger Hitze (5–10 Minuten/85 °C/geringe Rührstufe) köcheln lassen und anschließend das Ganze auf höchster Mixstufe pürieren (einige Sekunden).

6. Die Rote-Bete-Suppe mit Salz und Pfeffer abschmecken, mit etwas angerührter Speisestärke leicht binden und erneut einmal aufkochen lassen (5 Minuten/120 °C/geringe Rührstufe).

7. Die Rote-Bete-Suppe dekorativ anrichten und mit je einem Klacks saurer Sahne überziehen. Mit der verlesenen, gewaschenen Kresse bestreuen, mit Koriandergrün und Petersilienzweigen garnieren und sofort servieren.

Zubereitungszeit: 35 Minuten

Schwierigkeit: leicht

Portionen: Für 4 Personen

Das A und O in der Suppen- und Eintopfküche sind Kräuter und Gewürze. Wichtigster Bestandteil bei der Zubereitung von Suppen und Eintöpfen ist das Gewürz. Frische Kräuter sind fast schon ein Muss, denn dadurch wird Ihre Suppe oder Ihr Eintopf mit Sicherheit ein Erfolg. Bei der Verwendung von Kräutern gehen wir davon aus, dass ein Bund Frischkräuter einem Esslöffel Trockenkräutern entspricht. Falls Sie frische Kräuter bekommen können, so sollten Sie diese den trockenen vorziehen. Getrocknete Kräuter werden grundsätzlich am Anfang des Kochvorgangs dazugeben, die frischen Kräuter immer zum Schluss. Frische Kräuter können mit etwas Wasser beträufelt in einer Plastikfolie gut verschlossen im Kühlschrank einige Tage gelagert werden. Die einfachste Möglichkeit, frische Kräuter längere Zeit zu lagern, ist, wenn Sie sie fein hacken und frosten. Um größere Mengen in der Tiefkühltruhe aufbewahren zu können, sollten Sie das gehackte Kraut auf einem größeren Blech verteilen und so vorfrosten, dann erst gut verpacken.

Pro Portion:

Kalorien/Joule: 290/1220

Kohlenhydrate: 22 g

Fett: 18 g

Eiweiß: 3 g

Spargelcremesüppchen mit grünem Spargel

ZUTATEN

2 Schalotten
500 g weißer Spargel
1–2 EL Butter
500 ml Gemüsebrühe zum Garen
Salz, Pfeffer aus der Mühle
1 Prise Cayennepfeffer
1 Prise Muskat
1 EL Zucker
einige Tropfen Zitronensaft
einige Tropfen Worcestersoße
200 ml süße Sahne
Speisestärke zum Binden

Außerdem:
100 g bissfest gegarter, grüner Spargel
Frühlingszwiebelscheiben zum Bestreuen

ZUBEREITUNG

1. Die geschälten und geviertelten Schalotten in den Thermotopf geben und grob mixen (einige Sekunden).

2. Den Spargel putzen, dünn schälen und die unteren Enden abschneiden. Die Stangen in 3–4 cm lange Stücke schneiden, mit der Butter und zu den Schalotten geben und kurz anschwitzen (5 Minuten/120 °C/geringe Rührstufe).

3. Die Gemüsebrühe angießen und das Ganze zum Kochen bringen (8–10 Minuten/100 °C/geringe Rührstufe). Mit Salz, Pfeffer, Cayennepfeffer, Muskat, Zucker, Zitronensaft und Worcestersoße würzen und den Spargel bei mäßiger Hitze (10–12 Minuten/85 °C/ geringe Rührstufe) garen.

4. Die Spargelsuppe auf höchster Mixstufe (einige Sekunden) pürieren, die Sahne einrühren und die Suppe erhitzen (3 Minuten/85 °C/geringe Rührstufe).

5. Das Spargelcremesüppchen mit etwas angerührter Speisestärke leicht binden, nochmals nachwürzen, dekorativ anrichten, mit dem in Stücke geschnittenen, grünen Spargel belegen, mit Frühlingszwiebelscheiben bestreuen und sofort servieren.

Zubereitungszeit: 30 Minuten, **Schwierigkeit:** leicht, **Portionen:** Für 4 Personen
Pro Portion: Kalorien/Joule: 245/1030, Kohlenhydrate: 6 g, Fett: 22 g, Eiweiß: 4,5 g

Pfälzer Zwiebelsuppe

Bild auf Seite 8

ZUTATEN

500 g Zwiebeln, 2–3 Knoblauchzehen
1–2 EL Butter, 100 ml Weißwein
500 ml Gemüsebrühe
je 1 TL gerebelter Majoran und Thymian
Salz, Pfeffer, Cayennepfeffer, Muskat
Speisestärke zum Binden
200 ml süße Sahne
einige getoastete Weißbrotsterne und Petersilienzweige zum Garnieren

Pro Portion:

Kalorien/Joule:
310/1300

Kohlenhydrate:
9 g

Fett:
26 g

Eiweiß:
3 g

ZUBEREITUNG

1. Die Zwiebeln und die Knoblauchzehen schälen, vierteln, in den Thermotopf geben und alles auf höchster Mixstufe grob mixen (einige Sekunden).

2. Die Butter hinzufügen. Den Weißwein und die Gemüsebrühe angießen und das Ganze zum Kochen bringen (5 Minuten/120 °C/geringe Rührstufe).

3. Den Majoran und den Thymian einrühren, die Suppe mit Salz, Pfeffer, Cayennepfeffer und Muskat abschmecken und bei mäßiger Hitze (10–12 Minuten/100 °C/geringe Rührstufe) köcheln lassen.

4. Die Zwiebelsuppe mit etwas angerührter Speisestärke leicht binden und erneut einmal aufkochen lassen (5 Minuten/120 °C/geringe Rührstufe).

5. Nach Ende der Garzeit die Zwiebelsuppe mit Sahne verfeinern, kräftig abschmecken und dekorativ anrichten. Die Zwiebelsuppe mit den getoasteten Weißbrotsternen und Petersilienzweigen garnieren und sofort servieren.

Zubereitungszeit: 25 Minuten, **Schwierigkeit:** leicht, **Portionen:** Für 4 Personen

Knoblauchsuppe mit Kräutern

ZUTATEN

2 Bund frische Kräuter (Schnittlauch, Petersilie, Dill, Kerbel)
2 Frühlingszwiebeln
6–8 Knoblauchzehen
2 EL Butter oder Margarine
100 ml Weißwein
500 ml Gemüsebrühe
100 ml süße Sahne
Speisestärke zum Binden
Salz, Pfeffer aus der Mühle
1 Prise Zucker
1 Prise Cayennepfeffer

Außerdem:
100 ml Créme fraîche oder saure Sahne
frisch geschnittene, dünne Scheiben von roten Zwiebeln
grob geschroteter Pfeffer zum Bestreuen

Variation:

Wenn Sie Kräuter im Überfluss haben, sollten Sie diese konservieren. Mixen Sie hierfür die verlesenen und grob gehackten Kräuter und vermischen Sie diese dann mit gutem Olivenöl. Diese Mischung ist gut gekühlt mindestens 14 Tage haltbar.

Zubereitungszeit: 15–20 Minuten

Schwierigkeit: leicht

Portionen: Für 4 Personen

Pro Portion:

Kalorien/Joule: 290/1220

Kohlenhydrate: 5,5 g

Fett: 26 g

Eiweiß: 2,5 g

ZUBEREITUNG

1. Die Kräuter verlesen, waschen, gut abtropfen lassen, in den Thermotopf geben und auf höchster Mixstufe fein mixen (einige Sekunden). Die Kräuter aus dem Thermotopf nehmen und bereitstellen.

2. Die Frühlingszwiebeln putzen, waschen und grob zerkleinern. Die Knoblauchzehen schälen, klein schneiden, mit den Frühlingszwiebeln in den Thermotopf geben und alles auf höchster Mixstufe grob mixen (einige Sekunden).

3. Die Butter hinzufügen. Den Weißwein und die Gemüsebrühe angießen und das Ganze zum Kochen bringen (5 Minuten/120 °C/geringe Rührstufe).

4. Die Kräuter hinzufügen und kurz ziehen lassen. Anschließend das Ganze auf höchster Mixstufe fein mixen.

5. Die Sahne angießen und einmal aufkochen lassen (5 Minuten/120 °C/geringe Rührstufe). Die Suppe mit etwas angerührter Speisestärke leicht binden und mit Salz, Pfeffer, Zucker und Cayennepfeffer abschmecken.

6. Die Knoblauchsuppe mit Kräutern dekorativ anrichten, mit je einem Klacks Créme fraîche oder saurer Sahne belegen, die Zwiebelringe darauf verteilen, mit dem grob geschroteten Pfeffer bestreuen und sofort servieren.

009
SCRITTURA

Gurken-Kaltschale

ZUTATEN

2 Salatgurken
2 Knoblauchzehen
½ Bund Dill
einige Zweige Thymian
einige Zweige Minze
200 ml Gemüsebrühe
300 g Sahnejoghurt
1 TL Kreuzkümmelpulver
Salz, Pfeffer aus der Mühle
1 Prise Cayennepfeffer
1 Prise Zucker

Außerdem:
Gurkenscheiben, Dillzweige und andere Kräuterzweige zum Garnieren

ZUBEREITUNG

1. Die Salatgurken putzen, waschen, der Länge nach halbieren und mit einem Teelöffel das Kerngehäuse herausschaben.

2. Die Gurken in grobe Würfel schneiden und in den Thermotopf geben. Die Knoblauchzehen schälen, klein schneiden, mit den verlesenen, gewaschenen und grob gehackten Kräutern zu den Gurken geben und alles auf höchster Mixstufe grob mixen (einige Sekunden).

3. Die Gemüsebrühe dazugeben und alles auf höchster Mixstufe pürieren (einige Sekunden). Den Joghurt hinzufügen und mit dem Kreuzkümmelpulver auf niedrigster Mixstufe unterrühren (einige Sekunden).

4. Das Ganze mit Salz, Pfeffer, Cayennepfeffer und Zucker kräftig abschmecken und die Joghurtsuppe mit Gurken im Kühlschrank mindestens zwei Stunden ziehen lassen.

5. Anschließend die Joghurtsuppe nochmals nachwürzen, dekorativ anrichten, mit Gurkenscheiben, Dillzweigen und anderen Kräuterzweigen garnieren und sofort servieren.

Variation:
Eine Kaltschale lässt sich auch sehr gut mit anderen nicht zu harten Gemüsesorten herstellen. Als Flüssigkeit wird hier sehr gerne auch Buttermilch verwendet.

Zubereitungszeit: 10–15 Minuten

Schwierigkeit: leicht

Portionen: Für 4 Personen

Pro Portion:

Kalorien/Joule:
101/425

Kohlenhydrate:
8,5 g

Fett:
5,5 g

Eiweiß:
3 g

.SALATE

Tabouleh-Salat mit Schafskäse

ZUTATEN

400 g Bulgur
800 ml Salzwasser
400 g Kirschtomaten
3 rote Zwiebeln
1 grüne Peperoni
1 Bund Pfefferminze
1 Bund glatte Petersilie
1 Zitrone
400 g Schafskäse

Für das Dressing:
75 ml Orangensaft
2–3 EL Honig
75 ml weißer Balsamicoessig
Salz, Pfeffer aus der Mühle
1 TL Paprikapulver edelsüß
½ TL gemahlener Kreuzkümmel
75 ml Olivenöl

Außerdem:
rote Zwiebelringe
Kräuterzweige zum Garnieren

Variation:
Wenn Sie keinen Bulgur zur Hand haben, können Sie diesen Salat auch mit Reis oder Nudeln herstellen.

Zubereitungszeit: 30 Minuten

Schwierigkeit: leicht

Portionen: Für 4 Personen

Pro Portion:

Kalorien/Joule: 640/2690

Kohlenhydrate: 39 g

Fett: 41 g

Eiweiß: 22 g

ZUBEREITUNG

1. Den Bulgur unter fließendem Wasser waschen, gut abtropfen lassen und in den Dampf-Gareinsatz des Thermotopfes geben.

2. Das Salzwasser in den Thermotopf geben und erhitzen (8–10 Minuten/ 100 °C/geringe Rührstufe). Den Dampf-Gareinsatz in den Thermotopf hängen, den Bulgur – nach Packungsanweisung – (7 Minuten/85 °C/geringe Rührstufe) garen, aus dem Thermotopf nehmen und 10–15 Minuten ziehen lassen.

3. In der Zwischenzeit die Kirschtomaten waschen, gut abtropfen lassen, den Strunk herausschneiden und die Tomaten halbieren.

4. Die Zwiebeln schälen und in grobe Würfel schneiden. Die Peperoni putzen, halbieren, entkernen, waschen und würfeln. Beides in den sauberen Thermotopf geben und auf höchster Mixstufe (einige Sekunden) mixen.

5. Die Pfefferminze und die Petersilie verlesen, waschen, klein schneiden, zu den Zwiebeln geben und auf höchster Mixstufe (einige Sekunden) mixen.

6. Die Zitrone großzügig schälen, die Filets herausschneiden und würfeln. Den Schafskäse in Würfel schneiden, mit den Kirschtomaten und dem Bulgur in den Thermotopf geben.

7. Den Orangensaft mit dem Honig und dem Balsamicoessig ebenfalls dazugeben, mit Salz, Pfeffer, Paprika und Kreuzkümmel kräftig würzen und auf niedrigster Mixstufe (einige Sekunden) einrühren. Zum Schluss das Olivenöl hinzufügen und auf niedrigster Mixstufe einrühren.

8. Den Tabouleh-Salat kurz durchziehen lassen und nachwürzen. Den Salat dekorativ anrichten, mit roten Zwiebelringen, Peperonis und Kräuterzweigen garnieren und sofort servieren.

Edelpilzdressing:
150 g Edelpilzkäse mit einem Messer klein schneiden und in in den Thermotopf geben. Die Sahne, den Joghurt und den Zitronensaft hinzufügen. Das Dressing mit Salz, Pfeffer, Cayennepfeffer und Zucker kräftig abschmecken. Das Ganze auf höchster Mixstufe (einige Sekunden) zu einem glatten Dressing verrühren. Das Dressing nochmals nachwürzen und bis zum Gebrauch bereitstellen.

Mazedonischer Kartoffelsalat

ZUTATEN

600 g Kartoffeln
ca. 600 ml Salzwasser zum Garen

Außerdem:
100 g entsteinte schwarze Oliven
1 rote Zwiebel
2 Knoblauchzehen
200 g Feta-Käse
½ Bund Petersilie
50 ml Apfelessig
100 ml Gemüse- oder Fleischbrühe
Salz, Pfeffer aus der Mühle
1 Prise Cayennepfeffer
1 Prise Zucker
75 ml Olivenöl
Petersilienzweige zum Garnieren

Variation:
Mit ½ Bund Frühlingszwiebeln, 200 g Mozzarella, 2–3 Tomaten und ½ Bund Basilikum wird aus dem mazedonischen Kartoffelsalat ein italienischer. Verwenden Sie statt des Apfelessigs auch noch weißen Balsamicoessig so wird der Kartoffelsalat perfekt und Sie überzeugen alle Feinschmecker.

ZUBEREITUNG

1. Die Kartoffeln schälen, waschen und in Scheiben oder Würfel schneiden. Das Salzwasser in den Thermotopf geben und alles zum Kochen bringen (8–10 Minuten/100 °C/geringe Rührstufe).

2. Die Kartoffeln in den Dampf-Gareinsatz geben und bei mäßiger Hitze (15–18 Minuten/100 °C/geringe Rührstufe) garen.

3. Die Kartoffeln aus dem Thermotopf nehmen, leicht erkalten lassen und in eine Schüssel geben. Den Thermotopf säubern.

4. Die Oliven und die geschälte Zwiebel in feine Scheiben schneiden. Die Knoblauchzehen schälen und fein hacken.

5. Den Feta-Käse in mundgerechte Würfel schneiden. Die Petersilie sorgfältig verlesen, waschen, gut abtropfen lassen und fein hacken.

6. Die Zutaten zu den Kartoffeln geben und alles vorsichtig miteinander vermischen.

7. Den Essig und die Gemüse- oder Fleischbrühe in den Thermotopf geben und die Flüssigkeit zum Kochen bringen (5 Minuten/120 °C/geringe Rührstufe), leicht erkalten lassen und mit Salz, Pfeffer, Cayennepfeffer und Zucker abschmecken.

8. Das Olivenöl hinzufügen, auf niedrigster Mixstufe (einige Sekunden) einrühren und den Salat damit anmachen. Den Salat kurz ziehen lassen und nochmals nachwürzen. Den Kartoffelsalat dekorativ anrichten und sofort servieren.

Zubereitungszeit: 30 Minuten

Schwierigkeit: leicht

Portionen: Für 4 Personen

Pro Portion:

Kalorien/Joule: 458/1924

Kohlenhydrate: 24 g

Fett: 32 g

Eiweiß: 12 g

Frühkartoffeln:
Viele Feinschmecker halten Frühkartoffeln für eine wahre Delikatesse. Anders als bei den gewöhnlichen Kartoffeln ist ihre Schale zart und essbar. Kartoffeln haben je nach Sorte eine Reifezeit von etwa 100–130 Tagen. Die Saatkartoffeln können frühestens Ende März ausgelegt werden. Frühkartoffeln werden unter schützenden Folien aufgezogen. Sie können bereits Ende Mai oder Anfang Juni geerntet werden. Frühkartoffeln schmecken frisch am besten und sind nicht lange haltbar. Zum Einkellern sind sie ungeeignet. Länger als zwei Wochen sollten Frühkartoffeln nicht aufbewahrt werden, und auch das nur in dunklen Räumen.

Kartoffelsalat mit Gemüse

ZUTATEN

600 g Kartoffeln, 600 ml Salzwasser
50 g gekochter Schinken
250 Erbsen und Karotten (TK-Produkt)
1 EL Olivenöl, 3 Wiener Würstchen
75 ml Sonnenblumenöl
75 ml Weinessig, 100 g Crème fraîche
Salz, Pfeffer, Cayennepfeffer
½ Bund Petersilie

Pro Portion:

Kalorien/Joule: 705/2960

Kohlenhydrate: 30 g

Fett: 54 g

Eiweiß: 15 g

ZUBEREITUNG

1. Die Kartoffeln schälen, waschen und in Scheiben oder Würfel schneiden. Das Salzwasser in den Thermotopf geben und alles zum Kochen bringen (8–10 Minuten/100 °C/geringe Rührstufe).

2. Die Kartoffeln in den Dampf-Gareinsatz geben und bei mäßiger Hitze (15–18 Minuten/100 °C/geringe Rührstufe) garen. Die Kartoffeln aus dem Thermotopf nehmen, leicht erkalten lassen und in eine Schüssel geben. Den Thermotopf säubern.

3. Den Schinken würfeln, mit dem Gemüse und dem Olivenöl in den Thermotopf geben und 3–4 Minuten dünsten (5 Minuten/120 °C/geringe Rührstufe). Die Würstchen in Scheiben schneiden hinzufügen und kurz mitgaren. Die Zutaten zu den Kartoffeln geben und alles vorsichtig vermischen.

4. Für das Dressing das Öl mit dem Essig und der Crème fraîche glatt rühren. Mit Salz, Pfeffer und Cayennepfeffer kräftig abschmecken. Den Kartoffelsalat mit dem Dressing anmachen, kurz ziehen lassen, nachwürzen, anrichten, mit Petersilienblättchen garnieren und sofort servieren.

Zubereitungszeit: 30 Minuten, **Schwierigkeit:** leicht, **Portionen:** Für 4 Personen

Provenzalischer Kartoffelsalat

(ohne Abbildung)

ZUTATEN

600 g Kartoffeln, 600 ml Salzwasser
1 EL Kräuter der Provence
2–3 Tomaten
1 Kästchen Kresse
75 ml Branntweinessig
100 ml Gemüsebrühe
Salz, Pfeffer, Cayennepfeffer
1 Prise Zucker
75 ml Olivenöl

Pro Portion:

Kalorien/Joule: 320/1345

Kohlenhydrate: 28 g

Fett: 19 g

Eiweiß: 4 g

ZUBEREITUNG

1. Die Kartoffeln schälen, waschen und in Scheiben oder Würfel schneiden. Das Salzwasser in den Thermotopf geben und zum Kochen bringen (8–10 Minuten/100 °C/geringe Rührstufe).

2. Die Kartoffeln mit den Kräutern der Provence in den Dampf-Gareinsatz geben und (15–18 Minuten/100 °C/geringe Rührstufe) garen. Die Kartoffeln aus dem Thermotopf nehmen, erkalten lassen und in eine Schüssel geben.

3. Die Tomaten waschen und würfeln. Die Kresse verlesen, waschen und trocken tupfen. Die Zutaten zu den Kartoffeln geben und alles vorsichtig miteinander vermischen.

4. Den Essig und die Brühe in den sauberen Thermotopf geben und die Flüssigkeit zum Kochen bringen (5 Minuten/120 °C/geringe Rührstufe). Leicht erkalten lassen und mit Salz, Pfeffer, Cayennepfeffer und Zucker abschmecken.

5. Das Öl einrühren, den Salat damit anmachen, nachwürzen, dekorativ anrichten, mit Kresse bestreuen, mit Tomatenecken garnieren und sofort servieren.

Zubereitungszeit: 30 Minuten, **Schwierigkeit:** leicht, **Portionen:** Für 4 Personen

Mediterraner Brotsalat

ZUTATEN

1 Stangenweißbrot oder Ciabatta
500 g Tomaten
1 Salatgurke
½ Staudensellerie

Für das Dressing:
2 rote Zwiebeln
1 Knoblauchzehe
75 ml weißer Balsamicoessig
75 ml Gemüsebrühe
Salz, Pfeffer aus der Mühle
1 Prise Cayennepfeffer
1 Prise Zucker, 75 ml Olivenöl
1 Bund Schnittlauch
½ Bund glatte Petersilie

Außerdem:
4 EL Olivenöl
Petersilienzweige und Schnittlauchstückchen zum Garnieren

Variation:

Ganz besonders gut wird unser Brotsalat wenn Sie noch eine würzige, italienische oder spanische Salami und einen in hauchdünne Scheiben geschnittenen, luftgetrockneten Schinken unter den Brotsalat mischen.

Zubereitungszeit: 15–20 Minuten

Schwierigkeit: leicht

Portionen: Für 4 Personen

Pro Portion:

Kalorien/Joule:
494/2075

Kohlenhydrate:
35 g

Fett:
34 g

Eiweiß:
6 g

ZUBEREITUNG

1. Das Stangenweißbrot oder Ciabatta in Scheiben schneiden und in eine große Schüssel geben. Die Tomaten waschen, vom Strunk befreien und die Tomaten in grobe Stücke schneiden.

2. Die Salatgurke und den Staudensellerie putzen, waschen, halbieren und in grobe Stücke schneiden. Mit den Tomaten in den Thermotopf geben und alles auf höchster Mixstufe (einige Sekunden) mixen. Das Gemüse aus dem Thermotopf nehmen und bereitstellen.

3. Für das Dressing Zwiebeln und Knoblauch schälen und würfeln. Beides mit dem Balsamicoessig und der Gemüsebrühe in den Thermotopf geben und alles auf höchster Mixstufe (einige Sekunden) mixen. Mit Salz, Pfeffer, Cayennepfeffer und Zucker würzen.

4. Das Olivenöl und die verlesenen, gewaschenen und fein geschnittenen oder fein gehackten Kräuter unterrühren.

5. Das Olivenöl in einer Pfanne erhitzen und die Brotwürfel darin kurz rösten, in die Schüssel zurückgeben und mit dem Gemüse vermischen.

6. Den Brotsalat mit dem Dressing anmachen, kurz ziehen lassen, dekorativ anrichten, mit Petersilienzweigen und Schnittlauchstückchen garnieren und sofort servieren.

Reissalat mit Thunfisch

ZUTATEN

300 g Reis
600 ml Salzwasser oder Gemüsebrühe

Für den Salat:
400 g Thunfisch aus der Dose (naturell)
2–3 Tomaten
1 rote Zwiebel
50 g Rosinen

Für das Dressing:
100 ml Gemüse- oder Fischbrühe
75 ml Estragonessig
Saft von 1 Zitrone
1–2 EL Honig
Salz, Pfeffer aus der Mühle
1 Prise Cayennepfeffer
75 ml Olivenöl
Zwiebel- und Paprikawürfel zum Bestreuen
Kräuterzweige zum Garnieren

ZUBEREITUNG

1. Den Reis unter fließendem Wasser waschen und in den Dampf-Gareinsatz des Thermotopfes geben. Salzwasser oder Gemüsebrühe in den Thermotopf geben und erhitzen (8–10 Minuten/100 °C/geringe Rührstufe).

2. Den Dampf-Gareinsatz einsetzen und den Reis darin – je nach Art und Garzeit – bissfest garen (z. B. 15 Minuten/100 °C/geringe Rührstufe). Den Reis aus dem Thermotopf nehmen, unter kaltem Wasser abschrecken, gut abtropfen lassen und in eine Schüssel geben.

3. Den Thunfisch zerpflücken. Die Tomaten waschen, den Strunk herausschneiden und die Tomaten in Würfel schneiden. Die Zwiebel schälen und fein würfeln.

4. Den Thunfisch, die Tomaten, die Zwiebel und die Rosinen zum Reis geben und alles vorsichtig vermischen.

5. Die Gemüse- oder Fischbrühe mit dem Estragonessig, dem Zitronensaft und dem Honig in den Thermotopf geben und erhitzen (5 Minuten/120 °C/geringe Rührstufe). Mit Salz, Pfeffer und Cayennepfeffer kräftig abschmecken.

6. Das Olivenöl einrühren. Den Reissalat mit dem Dressing anmachen und im Kühlschrank 10–15 Minuten ziehen lassen.

7. Den Reissalat mit Thunfisch nochmals nachwürzen, dekorativ anrichten, mit Zwiebel- und Paprikawürfel bestreuen, mit Kräuterzweigen garnieren und sofort servieren.

Variation:
Mit Gemüse können Sie jeden Salat verfeinern. Zum Thunfisch passen sehr gut Karotten, Sellerie und grüne Erbsen. Selbstverständlich können Sie diese beim Reisgaren in der Thermo-Küchenmaschine zur gleichen Zeit mitgaren.

Zubereitungszeit: 30 Minuten

Schwierigkeit: mittel

Portionen: Für 4 Personen

Pro Portion:

Kalorien/Joule: 914/3839

Kohlenhydrate: 80 g

Fett: 50 g

Eiweiß: 24 g

Reis kochen:
Die Kunst, Reis richtig zu kochen, verlangt Fingerspitzengefühl. Er soll weiß, trocken und körnig auf den Tisch kommen. Wählen Sie deshalb für Beilagen harte Reissorten wie z. B. Langkornreis. Rundkornreis ist für Milchreis oder Risotto geeignet. Da Reis beim Kochen stark aufquillt, rechnet man als Beilage pro Person 50–60 g Reis, für ein Hauptgericht etwa 100 g Reis. Besonders körnig wird Reis, wenn er vor dem Kochen gründlich gewaschen wird, um alle anhaftenden Stärketeilchen zu entfernen.

Gemüsesalat mit Meerrettichjoghurt

ZUTATEN

200 g Kartoffeln
200 g Blumenkohlröschen
200 g Brokkoliröschen
2 Karotten, 1 Kohlrabi
500 ml Gemüsebrühe zum Garen
1 Bund Radieschen
75 ml weißer Balsamicoessig
1 TL Zucker
Salz, Pfeffer aus der Mühle
1 Prise Cayennepfeffer
75 ml Olivenöl
2 Becher Joghurt à 150 g
1 Zwiebel
50 g gemischte Kräuter (Schnittlauch, Kresse, Petersilie)
Saft von 1 Zitrone
2–3 EL frisch geriebener Meerrettich
1 Prise Zucker
einige Salatblätter
Kresse zum Bestreuen

Variation:

Wer nicht ohne Fleisch kann, der kann unseren Gemüsesalat mit gebratenen Schnitzelstreifen oder mit Putenstreifen in der Sesampanade servieren.

Zubereitungszeit: 30–40 Minuten

Schwierigkeit: leicht

Portionen: Für 4 Personen

Pro Portion:

Kalorien/Joule: 430/1805

Kohlenhydrate: 31 g

Fett: 27 g

Eiweiß: 10 g

ZUBEREITUNG

1. Die Kartoffeln schälen, waschen und in mundgerechte Würfel oder Scheiben schneiden.

2. Die Blumenkohl- und die Brokkoliröschen verlesen, waschen und klein schneiden.

3. Die Karotten schälen, in Scheiben schneiden, den Kohlrabi putzen, waschen, schälen, vierteln und in Würfel oder Scheiben schneiden.

4. Die Gemüsebrühe in den Thermotopf geben und erhitzen (8–10 Minuten/100 °C/geringe Rührstufe). Die Kartoffeln, den Blumenkohl, den Brokkoli, die Karotten und den Kohlrabi in den Dampf-Gareinsatz geben und das Gemüse darin bissfest garen (12–15 Minuten/100 °C/geringe Rührstufe).

5. Anschließend das Gemüse aus dem Thermotopf nehmen, in eine Schüssel geben und vollständig erkalten lassen. Die Radieschen verlesen, waschen, in feine Scheiben schneiden und unter das Gemüse heben.

6. 100 ml Gemüsebrühe von der Garflüssigkeit abmessen und erneut in den Thermotopf geben. Den Balsamicoessig mit dem Zucker hinzufügen, mit Salz, Pfeffer und Cayennepfeffer kräftig würzen und das Olivenöl einrühren.

7. Das Ganze auf höchster Mixstufe (einige Sekunden) mixen. Das Dressing zum Gemüse geben und den Salat damit anmachen. Den Salat im Kühlschrank mindestens 20 Minuten ziehen lassen.

8. Den Joghurt in den Thermotopf geben. Die geschälte, grob geschnittene Zwiebel mit den verlesenen, gewaschenen Kräutern, dem Zitronensaft und dem frisch geriebenen Meerrettich zum Joghurt geben und auf höchster Mixstufe (einige Sekunden) mixen. Den Joghurt mit Salz, Pfeffer und Zucker kräftig abschmecken.

9. Die Salatblätter waschen, abtropfen lassen und dekorativ anrichten. Das gut abgetropfte Gemüse darauf verteilen, mit je einem Klacks Meerrettichjoghurt überziehen, mit frisch geschnittenem Schnittlauch bestreuen, mit Kräuterzweigen garnieren und sofort servieren.

Nudelsalat mit Hähnchenbrust

ZUTATEN

750 ml Gemüsebrühe zum Garen
1 TL Salz
einige Tropfen Olivenöl
400 g Hähnchenbrustfilets
Salz, Pfeffer aus der Mühle
1 TL Paprikapulver edelsüß
½ TL gemahlener schwarzer Pfeffer
1 Msp. Kümmelpulver
1 Prise Muskat

Für den Salat:
je 1 rote und grüne Paprikaschote
1 Chilischote
300 g Eiernudeln (Garzeit 8 Minuten)
150 g grüne Erbsen (TK-Produkt)
3–4 Tomaten
½ Ananas

Für das Dressing:
2 gehäufte TL Curry
2 EL mittelscharfer Senf
Saft von ½ Zitrone
150 ml Orangensaft
1–2 EL Karamellsirup
Salz, Pfeffer aus der Mühle
1 Prise Cayennepfeffer
75 ml Sonnenblumenöl

Außerdem:
Kräuterzweige zum Garnieren

Zubereitungszeit: 40–45 Minuten

Schwierigkeit: mittel

Portionen: Für 4 Personen

Pro Portion:

Kalorien/Joule:
850/3570

Kohlenhydrate:
70 g

Fett:
34 g

Eiweiß:
50 g

ZUBEREITUNG

1. Die Gemüsebrühe mit dem Salz und dem Olivenöl in den Thermotopf geben und erhitzen (8–10 Minuten/100 °C/geringe Rührstufe).

2. Die Hähnchenbrustfilets unter fließendem Wasser waschen, trocken tupfen und mit Salz, Pfeffer aus der Mühle, Paprikapulver, schwarzem Pfeffer, Kümmelpulver und Muskat kräftig würzen.

3. Die Hähnchenbrustfilets auf den Dampf-Garaufsatz legen, diesen verschließen, auf den Thermotopf setzen und die Hähnchenbrustfilets darin 15–18 Minuten dämpfen.

4. Die Paprikaschoten und die Chilischote halbieren, entkernen, waschen und in Streifen schneiden.

5. Die Nudeln in den Dampf-Gareinsatz geben, diesen (acht Minuten vor Garende – immer die angegebene Kochzeit der Nudeln beachten) in den Thermotopf geben und die Nudeln bissfest garen.

6. Die Paprika- und Chilistreifen fünf Minuten vor Garende zu den Hähnchenbrustfilets geben und mitgaren.

7. Nach Ende der Garzeit die Hähnchenbrustfilets aus dem Dampf-Garaufsatz nehmen, auf ein Küchenbrett legen, erkalten lassen und in mundgerechte Scheiben schneiden. Das Gemüse in eine Schüssel geben.

8. Die Nudeln aus dem Dampf-Gareinsatz nehmen, unter kaltem Wasser abschrecken, gut abtropfen lassen, zum Gemüse geben und erkalten lassen.

9. Die Tomaten waschen, vom Strunk befreien, entkernen und in Würfel schneiden. Die Ananas schälen, die Augen und den Strunk herausschneiden, das Fruchtfleisch in Stücke schneiden und mit den Tomaten unter die Nudeln heben.

10. Für das Dressing 100 ml von der Garflüssigkeit abmessen und diese erneut in den Thermotopf geben. Den Curry, den Senf, den Zitronen- und Orangensaft und den Karamellsirup hinzufügen und auf höchster Mixstufe (einige Sekunden) kräftig mixen.

11. Das Dressing mit Salz, Pfeffer aus der Mühle und Cayennepfeffer abschmecken. Das Sonnenblumenöl hinzufügen und auf höchster Mixstufe (einige Sekunden) kurz mixen.

12. Den Nudelsalat mit dem Dressing anmachen, kurz ziehen lassen, nochmals nachwürzen, dekorativ anrichten, die Hähnchenscheiben auf dem Salat anrichten, mit etwas Dressing überziehen, mit Kräuterzweigen garnieren und sofort servieren.

.HAUPTSPEISEN

Spaghetti alla bolognese

ZUTATEN

Für die Nudeln:
750 ml Salzwasser
einige Tropfen Olivenöl
300 g Spaghetti (Garzeit: 10–12 Minuten)

Für die Sauce bolognese:
2–3 Schalotten
2 Knoblauchzehen
1 Bund Suppengemüse
2 EL Olivenöl
600 g gemischtes Hackfleisch
2–3 EL Tomatenmark
125 ml Tomatensaft
250 ml Rotwein
1 große Dose geschälte Tomaten
1 TL gerebelter Majoran
1 TL gerebeltes Basilikum
1 TL gerebelter Rosmarin
Salz, Pfeffer aus der Mühle
1 Prise Cayennepfeffer

Außerdem:
50 g frisch geriebener Parmesankäse
Basilikum zum Garnieren

ZUBEREITUNG

1. Das Salzwasser mit dem Olivenöl in den Thermotopf geben und erhitzen (8–10 Minuten/100 °C/geringe Rührstufe). Die Spaghetti in den Thermotopf geben und in 10–12 Minuten bissfest garen.

2. Die fertig gegarten Spaghetti abgießen, unter kaltem Wasser kurz abschrecken, gut abtropfen lassen und bereitstellen.

3. Die Schalotten und die Knoblauchzehen schälen, klein schneiden und in den Thermotopf geben. Das Suppengemüse putzen, waschen, gut abtropfen lassen, klein schneiden zu den Zwiebeln geben und alles auf höchster Mixstufe (einige Sekunden) mixen.

4. Das Olivenöl mit dem Hackfleisch zum Gemüse geben und (5–6 Minuten/120 °C/geringe Rührstufe) erhitzen.

5. Das Tomatenmark einrühren, mit dem Tomatensaft und dem Rotwein ablöschen und mit den zerdrückten Dosentomaten auffüllen.

6. Den Majoran, das Basilikum und den Rosmarin einrühren und mit Salz, Pfeffer und Cayennepfeffer kräftig abschmecken. Das Ganze zum Kochen bringen (8–10 Minuten/100 °C/geringe Rührstufe) und bei mäßiger Hitze weitere (8–10 Minuten/85 °C/geringe Rührstufe) garen.

7. Die Nudeln in den Dampf-Gareinsatz geben, diesen fünf Minuten vor Garende in den Thermotopf geben und die Nudeln erhitzen. Nach Ende der Garzeit die Spaghetti aus dem Thermotopf nehmen und dekorativ anrichten.

8. Die Hackfleischsoße nochmals nachwürzen und gleichmäßig auf den Nudeln verteilen. Die Spaghetti alla bolognese mit dem Käse bestreuen, mit Basilikumblättchen garnieren und sofort servieren.

Zubereitungszeit: 40–45 Minuten

Schwierigkeit: mittel

Portionen: Für 4 Personen

Pro Portion:

Kalorien/Joule:
500/2100

Kohlenhydrate:
32 g

Fett:
62 g

Eiweiß:
55 g

Chiliweizen mit Tomaten

ZUTATEN

300 g Zartweizen oder Weizenreis
Salzwasser zum Garen
einige Tropfen Olivenöl

Für die Soße:
150 g Schalotten
2 rote Chilischoten
1 Bund Frühlingszwiebeln
1 EL Olivenöl
50 g Tomatenmark
100 ml Weißwein
1 große Dose geschälte Tomaten
4 Tomaten
Salz, Pfeffer aus der Mühle
1 gestrichener TL Korianderpulver
1 Prise Cayennepfeffer
1 EL Zucker

Außerdem:
Kräuterzweige zum Garnieren
4 Frühlingszwiebeln

Variation:
Statt des Zartweizens können Sie auch sehr gut Nudeln oder Reis für dieses Gericht verwenden.

Zubereitungszeit: 40 Minuten

Schwierigkeit: leicht

Portionen: Für 4 Personen

Pro Portion:

Kalorien/Joule:
406/1705

Kohlenhydrate:
66 g

Fett:
6 g

Eiweiß:
11 g

ZUBEREITUNG

1. Den Zartweizen oder Weizenreis unter fließendem Wasser waschen, gut abtropfen lassen und in den Dampf-Gareinsatz des Thermotopfes geben.

2. Das Salzwasser mit dem Olivenöl in den Thermotopf geben und erhitzen (8–10 Minuten/100 °C/geringe Rührstufe). Den Dampf-Gareinsatz mit dem Zartweizen in den Thermotopf geben und garen (8–10 Minuten/85 °C/geringe Rührstufe).

3. Den bissfest gegarten Zartweizen oder Weizenreis aus dem Thermotopf nehmen, unter kaltem Wasser abschrecken und gut abtropfen lassen.

4. Die Schalotten schälen und halbieren. Die Chilischoten halbieren, entkernen, waschen und grob klein schneiden. Die Frühlingszwiebeln putzen, waschen und in Stücke schneiden.

5. Das Olivenöl mit dem Gemüse in den Thermotopf geben, auf höchster Mixstufe kurz pürieren und anschließend erhitzen (5 Minuten/120 °C/geringe Rührstufe).

6. Das Tomatenmark einrühren. Den Weißwein und die geschälten Tomaten angießen und das Ganze erhitzen (5 Minuten/120 °C/geringe Rührstufe) und zu einer sämigen Soße verkochen (8–10 Minuten/85 °C/ geringe Rührstufe).

7. Die Soße mit Salz, Pfeffer aus der Mühle, Koriander, Cayennepfeffer und Zucker kräftig würzen. Die Tomaten enthäuten, entkernen, in die Soße geben und alles auf höchster Mixstufe kurz pürieren.

8. Den Dampf-Gareinsatz mit dem Zartweizen in den Thermotopf geben und alles nochmals erhitzen (5 Minuten/120 °C/geringe Rührstufe).

9. Den Chiliweizen mit Tomaten dekorativ anrichten, mit Kräuterzweigen garnieren, mit den in feine Scheiben geschnittenen Frühlingszwiebeln bestreuen und sofort servieren.

Reistopf mit Gemüse und Hähnchen

ZUTATEN

500 ml Gemüsebrühe zum Garen
1 TL Salz
einige Tropfen Olivenöl
600 g Hähnchenbrustfilets
Salz, Pfeffer aus der Mühle
1 Prise Chilipulver
2 TL geschroteter Koriander
300 g Reis (Garzeit: 15 Minuten)

Außerdem:
2 Zwiebeln
1 rote Chilischote
1 Zucchini
200 g Zuckermais
4 EL Mangochutney
Kräuterzweige zum Garnieren
4 Frühlingszwiebeln

Variation:
Probieren Sie einfach mal die Kartoffeln vorher ein wenig mit Kümmel einzureiben, dadurch wird der Geschmack intensiviert.

Zubereitungszeit: 45–50 Minuten

Schwierigkeit: mittel

Portionen: Für 4 Personen

Pro Portion:

Kalorien/Joule:
535/2750

Kohlenhydrate:
75 g

Fett:
2,5 g

Eiweiß:
42 g

ZUBEREITUNG

1. Die Gemüsebrühe mit dem Olivenöl in den Thermotopf geben und erhitzen (8–10 Minuten/100 °C/geringe Rührstufe).

2. Die küchenfertigen Hähnchenbrustfilets unter fließendem Wasser waschen, trocken tupfen, in Würfel oder Streifen schneiden und mit Salz, Pfeffer, Chilipulver und den geschroteten Korianderkörnern kräftig würzen.

3. Den Reis in den Dampf-Gareinsatz geben und diesen in den Thermotopf setzen. Die Hähnchenbrustfilets auf den Dampf-Garaufsatz legen, diesen auf den Thermotopf stellen und den Reis und die Hähnchenbrustfilets dämpfen (15–18 Minuten/85 °C/geringe Rührstufe).

4. Die Zwiebeln schälen und in grobe Stücke schneiden. Die Chilischote halbieren, entkernen, waschen und in Stücke schneiden.

5. Die Zucchini putzen, waschen und in feine Würfel schneiden. Den Zuckermais gut abgetropfen lassen.

6. Nach Ende der Garzeit das Hähnchen und den Reis aus dem Thermotopf nehmen und bereitstellen. Die Garflüssigkeit aus dem Thermotopf gießen und 250 ml abmessen.

7. Die Zwiebel und die Chilischote in den Thermotopf geben und auf höchster Mixstufe kurz pürieren. Die Garflüssigkeit in den Thermotopf zurückgeben und alles zum Kochen bringen (5 Minuten/120 °C/geringe Rührstufe).

8. Die Zucchini, den Zuckermais und das Mangochutney hinzufügen und alles bissfest garen (6–8 Minuten/85 °C/geringe Rührstufe).

9. Den bissfest gegarten Reis und das Hähnchen untermischen, das Ganze erhitzen (5 Minuten/120 °C/geringe Rührstufe) und anschließend nochmals mit Salz und Pfeffer abschmecken.

10. Das Reisgericht dekorativ anrichten, mit Kräuterzweigen garnieren, mit den in feine Scheiben geschnittenen Frühlingszwiebeln bestreuen und sofort servieren.

Grünes Hähnchencurry

ZUTATEN

2 TL Koriandekörnerr
1 EL eingelegte grüne Pfefferkörner
1 grüne Chilischote
1 Stück Galgant oder Ingwerwurzel
2 Knoblauchzehen
2 TL Zitronengraspaste
500 ml Gemüse- oder Geflügelbrühe
800 g Hähnchenbrustfilet
Salz, Pfeffer aus der Mühle
2 EL thailändische Fisch- oder Austernsoße
300 g Reis (Garzeit: 15 Minuten)

Außerdem:
3 EL helles Sesamöl
Speisestärke zum Binden
½ Bund Koriandergrün
½ Bund Basilikum
Radieschenstreifen und Koriander- oder Petersilienblättchen zum Garnieren

Variation:

Für dieses Gericht können Sie auch sehr gut Putenfleisch oder Schweinefleisch verwenden. Achten sollten Sie dabei aber auf die längeren Garzeiten von Schweinefleisch.

Zubereitungszeit: 40–45 Minuten

Schwierigkeit: mittel

Portionen: Für 4 Personen

Pro Portion:

Kalorien/Joule: 525/2205

Kohlenhydrate: 62 g

Fett: 2,5 g

Eiweiß: 50 g

ZUBEREITUNG

1. Die Korianderkörner zerdrücken und mit den grünen Pfefferkörnern in den Thermotopf geben.

2. Die Chilischote halbieren, entkernen, waschen, klein schneiden und zu den Pfefferkörnern geben.

3. Den Galgant oder die Ingwerwurzel schälen und grob zerkleinern. Die Knoblauchzehen schälen und beides mit der Zitronengraspaste in den Thermotopf geben.

4. Das Ganze auf höchster Mixstufe (einige Sekunden) pürieren. Die Gemüse- oder Geflügelbrühe angießen und alles zum Kochen bringen (8–10 Minuten/100 °C/geringe Rührstufe).

5. Die küchenfertigen Hähnchenbrustfilets unter fließendem Wasser waschen, trocken tupfen, in Würfel schneiden und mit Salz, Pfeffer und der Fisch- oder Austernsoße kräftig würzen.

6. Den Reis in den Dampf-Gareinsatz geben und diesen in den Thermotopf setzen. Die Hähnchenwürfel auf den Dampf-Garaufsatz legen, diesen auf den Thermotopf stellen und den Reis und die Hähnchenwürfel dämpfen (15–18 Minuten/85 °C/geringe Rührstufe).

7. Nach Ende der Garzeit die Hähnchenwürfel und den Reis aus dem Thermotopf nehmen und bereitstellen.

8. Das Sesamöl in die Garflüssigkeit rühren. Die Garflüssigkeit mit etwas angerührter Speisestärke leicht binden, das Hähnchenfleisch in die Soße geben und das Curry mit Salz und Pfeffer nochmals nachwürzen.

9. Zum Schluss das Koriandergrün und das Basilikum verlesen, waschen, grob hacken und ebenfalls dazugeben.

10. Das Hähnchencurry mit dem Reis in Schälchen dekorativ anrichten, mit Radieschenstreifen und Koriander- oder Petersilienblättchen garnieren und sofort servieren.

Kartoffeltopf mit Bohnen

ZUTATEN

500 g Kartoffeln
1 Zwiebel
2 Knoblauchzehen
1–2 EL Butterschmalz
100 ml Weißwein
500 l Gemüsebrühe
2 Lorbeerblätter

Außerdem:
1–2 EL Tomatenmark
4 Debreziner oder Krakauer Würstchen
1 große Dose weiße Bohnen
1 TL gerebeltes Bohnenkraut
1 TL gerebelter Majoran
Salz, Pfeffer aus der Mühle
1 Prise Cayennepfeffer
1 Prise Muskat
einige Zweige Thymian
einige Zweige Petersilie

Variation:
Mit Kidneybohnen und Chili wird aus dem Kartoffeltopf schnell ein leckerer Feuertopf. Sie müssen einfach nur die weißen Bohnen durch die Kidneybohnen ersetzen.

Zubereitungszeit: 30–35 Minuten

Schwierigkeit: leicht

Portionen: Für 4 Personen

Pro Portion:

Kalorien/Joule:
405/1700

Kohlenhydrate:
26 g

Fett:
21 g

Eiweiß:
18 g

ZUBEREITUNG

1. Die Kartoffeln schälen, waschen und in mundgerechte Würfel schneiden. Die Zwiebel und die Knoblauchzehen schälen und beides vierteln. Die Zwiebeln und den Knoblauch in den Thermotopf geben und grob mixen (einige Sekunden).

2. Das Butterschmalz und die Kartoffeln hinzufügen und kurz anschwitzen (5 Minuten/120 °C/geringe Rührstufe).

3. Den Weißwein und die Gemüsebrühe angießen und das Ganze zum Kochen bringen (8–10 Minuten/100 °C/geringe Rührstufe). Die Lorbeerblätter hinzufügen und den Kartoffeltopf bei mäßiger Hitze (8–10 Minuten/85 °C/geringe Rührstufe) garen.

4. Die Debreziner oder Krakauer in Scheiben schneiden, mit den weißen Bohnen und dem Tomatenmark in den Thermotopf geben.

5. Den Kartoffeltopf mit Bohnenkraut, Majoran, Salz, Pfeffer, Cayennepfeffer und Muskat kräftig abschmecken und weitergaren (5 Minuten/100 °C/geringe Rührstufe).

6. Den Kartoffeltopf mit weißen Bohnen dekorativ anrichten, mit dem verlesenen, gewaschenen und fein gehackten Thymian bestreuen, mit Petersilienblättchen garnieren und sofort servieren.

Kartoffelgulasch mit Sauerkraut

ZUTATEN

1 Dose Sauerkraut, 1 Zwiebel
2 EL Schweineschmalz
50 g durchwachsener, geräucherter Speck
1 Lorbeerblatt
500 ml Gemüse- oder Fleischbrühe
Salz, Pfeffer aus der Mühle
1 Prise Cayennepfeffer
1 EL Zucker, 2 EL Honig

Außerdem:
400 g Karotten
2 Paprikaschoten
2–3 Knoblauchzehen
400 g Kartoffeln
je 2 Zweige Rosmarin und Oregano
1 EL Paprikapulver edelsüß
1 TL Paprikapulver rosenscharf
250 g Mettendchen
Kräuterzweige zum Garnieren

Variation:
Statt der Mettendchen können Sie auch sehr gut einige Scheiben Kasseler auf das Gemüse legen und mitgaren. Für Kalorienbewusste empfehlen wir ganz auf Wurst und Fleisch zu verzichten und den Speck durch geräucherten Schinken zu ersetzen.

Zubereitungszeit: 50–55 Minuten

Schwierigkeit: mittel

Portionen: Für 4 Personen

Pro Portion:

Kalorien/Joule:
640/2690

Kohlenhydrate:
45 g

Fett:
35 g

Eiweiß:
28 g

ZUBEREITUNG

1. Das Sauerkraut je nach Säuregrad unter fließendem Wasser waschen, gut abtropfen lassen und bereitstellen. Die Zwiebel schälen und fein würfeln.

2. Das Schweineschmalz mit dem in feine Würfel geschnittenen Speck in den Thermotopf geben und erhitzen (5 Minuten/120 °C/geringe Rührstufe).

3. Die Zwiebel und das Sauerkraut hinzufügen. Das Lorbeerblatt dazugeben, die Gemüse- oder Fleischbrühe angießen und das Ganze zum Kochen bringen (8–10 Minuten/100 °C/geringe Rührstufe).

4. Das Sauerkraut mit Salz, Pfeffer, Cayennepfeffer, Zucker und Honig kräftig abschmecken und alles bei mäßiger Hitze (25 Minuten/85 °C/geringe Rührstufe) garen.

5. Die Karotten schälen und in Würfel oder Scheiben schneiden. Die Paprikaschoten halbieren, entkernen, waschen, gut abtropfen lassen und in Stücke schneiden.

6. Die Knoblauchzehen schälen und hacken. Die Kartoffeln schälen, waschen und in Würfel schneiden.

7. Das Gemüse mit den Kartoffeln in dem Dampf-Garaufsatz gleichmäßig verteilen. Die Kräuterzweige und das Paprikapulver untermischen, das Ganze mit Salz, Pfeffer und Cayennepfeffer kräftig würzen und 15 Minuten vor Garende auf den Thermotopf stellen und mitgaren.

8. Nach Ende der Garzeit das Gemüse mit den Kartoffeln und den in Scheiben geschnittenen Mettendchen unter das Sauerkraut mischen und alles einmal aufkochen lassen (5 Minuten/120 °C/geringe Rührstufe).

9. Das Kartoffelgulasch mit Sauerkraut nochmals nachwürzen, dekorativ anrichten, mit Kräuterzweigen garnieren und sofort servieren.

Vegetarischer Kürbistopf

ZUTATEN

2 Karotten
200 g Sellerie
200 g Kartoffeln
1 Zwiebel
2 Knoblauchzehen
1–2 rote Chilischoten
1 TL Butter
500 ml Gemüsebrühe
2 Lorbeerblätter
Salz, Pfeffer aus der Mühle
1 Prise Muskat
1 Prise Cayennepfeffer
1 Prise Zucker
je 300 g Kürbisfruchtfleisch und Zucchini
100 g grüne Erbsen

Außerdem:
Kräuterzweige zum Garnieren

ZUBEREITUNG

1. Die Karotten schälen, waschen und in Würfel schneiden. Den Sellerie und die Kartoffeln schälen, waschen und ebenfalls würfeln.

2. Die Zwiebel und die Knoblauchzehen schälen und vierteln. Die Chilischoten putzen, halbieren, entkernen, waschen und grob zerkleinern.

3. Die Zwiebeln, den Knoblauch und die Chilischoten in den Thermotopf geben und auf höchster Mixstufe (einige Sekunden) mixen.

4. Die Butter in den Thermotopf geben, die Gemüsebrühe angießen, die Lorbeerblätter hinzufügen und alles zum Kochen bringen (8–10 Minuten/100 °C/geringe Rührstufe).

5. Das Gemüse in den Thermotopf geben, mit Salz, Pfeffer, Muskat, Cayennepfeffer und Zucker kräftig würzen und garen (8–10 Minuten/100 °C/geringe Rührstufe).

6. Das Kürbisfruchtfleisch in mundgerechte Würfel schneiden. Die Zucchini putzen, waschen und ebenfalls würfeln. Mit den Erbsen in den Eintopf geben und fertig garen (6–8 Minuten/100 °C/geringe Rührstufe).

7. Nach Ende der Garzeit den vegetarischen Kürbistopf nochmals kräftig abschmecken, dekorativ anrichten, mit Kräuterzweigen garnieren und sofort servieren.

Variation:

... und wenn Sie nicht vegetarisch kochen möchten, zum Eintopf passen sehr gut Hähnchenbrustfilets. Diese sollten Sie nach dem Würzen etwa 12–15 Minuten mitgaren. Die Hähnchenfilets auf den Dampf-Garaufsatz legen und auf den Thermotopf setzen.

Zubereitungszeit: 35–40 Minuten

Schwierigkeit: leicht

Portionen: Für 4 Personen

Pro Portion:

Kalorien/Joule: 455/2254

Kohlenhydrate: 45 g

Fett: 45 g

Eiweiß: 23 g

Mailänder Gemüsecannelloni

ZUTATEN

1 kleine Knolle Sellerie
300 g Karotten, 1 Stange Lauch
2 Zwiebeln, 2 Knoblauchzehen
2 EL Olivenöl
200 ml Gemüsebrühe
1 Packung Cannellonihüllen (ohne Vorkochen)
Butter zum Ausfetten
400 ml passierte Tomaten (aus der Dose)
Salz, Pfeffer aus der Mühle
1 Prise Cayennepfeffer
1 Prise Zucker
1 EL gerebeltes Basilikum
1 EL gerebelter Oregano

Außerdem:
100 g geriebener Pecorino
Basilikumblättchen zum Garnieren

Variation:
Aus der vegetarischen Füllung lässt sich ganz einfach eine deftige Füllung herstellen. Hierfür werden einfach 100 g in Würfel geschnittene Salami oder gekochten Schinken unter das Gemüse gemischt.

Zubereitungszeit: 30 Minuten

Schwierigkeit: leicht

Portionen: Für 4 Personen

Pro Portion:

Kalorien/Joule:
590/2480

Kohlenhydrate:
40 g

Fett:
30 g

Eiweiß:
33 g

ZUBEREITUNG

1. Den Sellerie und die Karotten putzen, schälen, waschen und in grobe Stücke schneiden. Den Lauch putzen, waschen und ebenfalls in grobe Stücke schneiden. Die Zwiebeln und die Knoblauchzehen schälen und vierteln.

2. Das Gemüse mit den Zwiebeln und dem Knoblauch in den Thermotopf geben und auf höchster Mixstufe (einige Sekunden) grob mixen.

3. Das Olivenöl hinzufügen. Die Gemüsebrühe angießen und das Ganze zum Kochen bringen (8–10 Minuten/100 °C/geringe Rührstufe).

4. Mit einer Siebkelle etwas Gemüse aus der Brühe nehmen und gut abtropfen lassen. Das Gemüse in die Cannellonihüllen füllen und diese in eine ausgefettete Auflaufform schichten.

5. Die passierten Tomaten zum restlichen Gemüse geben und garen (5 Minuten/120 °C/geringe Rührstufe).

6. Das Ganze mit Salz, Pfeffer, Cayennepfeffer und Zucker kräftig abschmecken. Die Kräuter einrühren und die Soße über die Cannelloni verteilen.

7. Die Cannelloni mit dem geriebenen Pecorino bestreuen und das Ganze im auf 180–200 °C vorgeheizten Backofen ca. 20–25 Minuten garen.

8. Die Gemüsecannelloni aus dem Backofen nehmen, dekorativ anrichten, mit Basilikumblättchen garnieren und sofort servieren.

Ungarisches Paprikagulasch

ZUTATEN

800 g Schweinegulasch
4 Zwiebeln
2–3 Knoblauchzehen
1 Chilischote
2–3 EL Butterschmalz
2–3 EL Tomatenmark
je 250 ml Rotwein und Gemüse- oder Fleischbrühe
1 große Dose geschälte Tomaten
2 EL geriebene Zitronenschale
1 EL Kümmelpulver
1 TL Paprikapulver rosenscharf
Salz, Pfeffer aus der Mühle
1 Prise Zucker
je 1 rote und gelbe Paprikaschote
4–5 EL dunkler Soßenbinder zum Binden
200 g saure Sahne
1 Bund Blattpetersilie
Kräuterzweige zum Garnieren

Variation:

Aus unserem Paprikagulasch wird sehr einfach ein Szegediner Gulasch, wenn Sie kurz vor Garende gegartes Sauerkraut unter das fertige Gulasch heben.

ZUBEREITUNG

1. Das Schweinegulasch unter fließendem Wasser waschen und trocken tupfen. Die Zwiebeln und die Knoblauchzehen schälen und vierteln. Die Chilischote halbieren, entkernen, waschen und grob zerkleinern.

2. Die Zwiebeln, den Knoblauch und die Chilischoten in den Thermotopf geben und auf höchster Mixstufe (einige Sekunden) mixen.

3. Das Butterschmalz mit dem Schweinegulasch in den Thermotopf geben und erhitzen (5 Minuten/120 °C/geringe Rührstufe).

4. Das Tomatenmark einrühren. Mit Rotwein, der Gemüse- oder Fleischbrühe und den geschälten Tomaten aufgießen und das Ganze zum Kochen bringen (8–10 Minuten/100 °C/geringe Rührstufe).

5. Die geriebene Zitronenschale mit dem gehackten Kümmel und dem Paprikapulver unter das Gulasch rühren. Das Ganze mit Salz, Pfeffer und Zucker abschmecken und bei mäßiger Hitze schmoren lassen (40–50 Minuten/85 °C/geringe Rührstufe).

6. In der Zwischenzeit die Paprikaschoten halbieren, entkernen, waschen, in Streifen oder Würfel schneiden und 10 Minuten vor Garende zum Gulasch geben. 2–3 Minuten vor Garende den dunklen Soßenbinder hinzufügen.

7. Das fertig gegarte Gulasch kräftig nachwürzen, dekorativ anrichten, nach Geschmack mit saurer Sahne überziehen, mit der verlesenen, gewaschenen und frisch geschnittenen Blattpetersilie bestreuen, mit Kräuterzweigen garnieren und mit Reis oder Nudeln sofort servieren.

Zubereitungszeit: 85–90 Minuten

Schwierigkeit: leicht

Portionen: Für 4 Personen

Pro Portion:

Kalorien/Joule: 656/2790

Kohlenhydrate: 18 g

Fett: 35 g

Eiweiß: 48 g

Hirschgulasch mit Sauerkirschen

ZUTATEN

800 g Hirschgulasch
Salz, Pfeffer aus der Mühle
2 Zwiebeln, 2 Knoblauchzehen
2 EL Butterschmalz
1 EL Tomatenmark, 200 ml Rotwein
400 ml Gemüsebrühe oder Wildfond
2 Lorbeerblätter
1 TL geriebene Zitronenschale
1 Prise Muskat
½ TL gerebelter Thymian
½ TL gerebelter Majoran
1 EL grob zerdrückte schwarze Pfefferkörner und Wacholderbeeren
dunkler Soßenbinder zum Binden
1 kleines Glas Sauerkirschen
einige Tropfen Zitronensaft
einige Tropfen Worcestersoße
1 Prise Zucker

Außerdem:
Kräuterzweige und Lorbeerblätter zum Garnieren

Variation:
Ob Hirsch, Reh oder Wildschwein, Wild gehört einfach in die moderne Küche. Achten sollten Sie darauf, dass Sie Ihr Wild von Ihrem einheimischen Jäger bekommen, denn nur der weiß welche Qualität Sie bekommen.

Zubereitungszeit: 120 Minuten

Schwierigkeit: leicht

Portionen: Für 4 Personen

Pro Portion:

Kalorien/Joule:
470/1975

Kohlenhydrate:
14 g

Fett:
20 g

Eiweiß:
43 g

ZUBEREITUNG

1. Das Hirschgulasch unter fließendem Wasser waschen, trocken tupfen und mit Salz und Pfeffer kräftig würzen.

2. Die Zwiebeln und die Knoblauchzehen schälen und vierteln, in den Thermotopf geben und auf höchster Mixstufe (einige Sekunden) mixen.

3. Das Butterschmalz mit dem Hirschgulasch in den Thermotopf geben und erhitzen (5 Minuten/120 °C/geringe Rührstufe).

4. Das Tomatenmark einrühren. Mit Rotwein und der Gemüsebrühe oder dem Wildfond aufgießen und das Ganze zum Kochen bringen (8–10 Minuten/100 °C/ geringe Rührstufe).

5. Die Lorbeerblätter und die Zitronenschale einrühren, mit Salz, Pfeffer, Muskat, Thymian und Majoran würzen, die zerdrückten Pfefferkörner und die Wacholderbeeren dazugeben und das Ganze bei mäßiger Hitze schmoren lassen (60–70 Minuten/85 °C/geringe Rührstufe).

6. Nach Ende der Garzeit mit dem dunklen Soßenbinder leicht binden, die gut abgetropften Sauerkirschen hinzufügen und alles erhitzen (5 Minuten/120 °C/ geringe Rührstufe).

7. Das Hirschgulasch mit Zitronensaft, Worcestersoße und Zucker abrunden, dekorativ anrichten, mit Kräuterzweigen und Lorbeerblätter garnieren und mit Kartoffelschnee sofort servieren.

Hackbällchen in Tomaten-Zwiebel-Soße

ZUTATEN

1 Zwiebel, 2 Knoblauchzehen
600 g Rinderhack
1 in Milch eingeweichtes, altbackenes Brötchen
1 Ei, 2 EL Mehl
Salz, Pfeffer aus der Mühle
1 Prise Cayennepfeffer

Für die Soße:
2 Zwiebeln
2 Knoblauchzehen
2–3 rote Chilischoten
2 EL Olivenöl
500 g Tomaten
125 ml Rotwein
1 große Dose passierte Tomaten
1 TL Zucker
50 g Pinienkerne

Außerdem:
Petersilienzweige zum Garnieren

Variation:

Aus Gemüse- oder Fleischbrühe, etwas Weißwein und Sahne lässt sich schnell eine Soße zubereiten. Gebunden wird mit hellem Soßenbinder und gewürzt mit Senf, Meerrettich, verschiedenen Kräutern und Gemüsen.

ZUBEREITUNG

1. Die Zwiebel und die Knoblauchzehen schälen, vierteln, in den Thermotopf geben und alles auf höchster Mixstufe einige Sekunden mixen.

2. Das Rinderhack mit dem gut ausgedrückten Brötchen, dem Ei und dem Mehl hinzufügen. Das Ganze zu einer kompakten Masse verarbeiten (2–3 Minuten bei mittlerer Rührstufe). Falls die Masse zu weich ist noch einige Semmelbrösel unterarbeiten.

3. Die Masse mit Salz, Pfeffer und Cayennepfeffer kräftig abschmecken, kleine Hackbällchen abdrehen und diese auf den Dampf-Garaufsatz legen.

4. Für die Soße die Zwiebeln und die Knoblauchzehen schälen und vierteln. Die Chilischoten halbieren, entkernen, waschen und grob zerkleinern.

5. Die Zwiebeln, den Knoblauch und die Chilischoten in den sauberen Thermotopf geben und auf höchster Mixstufe (einige Sekunden) mixen. Das Olivenöl hinzufügen und alles erhitzen (5 Minuten/120 °C/geringe Rührstufe).

6. Die Tomaten enthäuten, entkernen, in Würfel schneiden und zu den Knoblauchzwiebeln geben. Den Rotwein und die passierten Tomaten angießen und die Soße mit Salz, Pfeffer, Cayennepfeffer und Zucker kräftig abschmecken.

7. Die Pinienkerne in die Soße geben und den Dampf-Garaufsatz mit den Hackbällchen auf den Thermotopf setzen. Das Ganze zum Kochen bringen und garen (12–15 Minuten/100 °C/geringe Rührstufe).

8. Nach Ende der Garzeit die Hackbällchen mit der Tomaten-Zwiebel-Soße dekorativ anrichten, mit Petersilienzweigen garnieren und sofort servieren.

Zubereitungszeit: 25–30 Minuten

Schwierigkeit: leicht

Portionen: Für 4 Personen

Pro Portion:

Kalorien/Joule: 700/2940

Kohlenhydrate: 20 g

Fett: 45 g

Eiweiß: 40 g

Zwiebeln:

Auch hier gibt es viele verschiedene Sorten: die roten Zwiebeln, die Schalotten, die Silber- oder Perlzwiebeln, die Gemüsezwiebeln und die Lauchzwiebeln. Zwiebeln können sowohl roh als auch gekocht verwendet werden. Es ist zu empfehlen, die Zwiebeln grundsätzlich als Erstes in wenig Butter oder Margarine anzuschwitzen, denn so können sie das volle Aroma entfalten. Zwiebeln sollten erst kurz vor der Zubereitung geschält oder geputzt und klein geschnitten oder gewürfelt werden, da sie sehr schnell ihr charakteristisches Aroma verlieren.

Lachsfilet auf Gurkenragout

ZUTATEN

4 Scheiben Lachsfilet à 180–200 g
Saft von 1 Zitrone
einige Tropfen Worcestersoße
Salz, Pfeffer aus der Mühle

Für das Ragout:
400 g Kartoffeln
1 Zwiebel
2–3 EL Butter
100 ml Weißwein
500 ml Gemüse- oder Fischbrühe
2 Salatgurken
1 EL geriebene Zitronenschale
200 ml süße Sahne
Speisestärke zum Binden

Außerdem:
1 Bund Dill
Zitronenscheiben zum Garnieren

Variation:

Für diese Gericht können Sie alle Fischfilets Ihrer Wahl verwenden. Ob Süßwasser- oder Meeresfische, ob Garnelen oder Krebse Sie werden alle Feinschmecker überzeugen.

Zubereitungszeit: 35–40 Minuten

Schwierigkeit: mittel

Portionen: Für 4 Personen

Pro Portion:

Kalorien/Joule:
807/3390

Kohlenhydrate:
21 g

Fett:
52 g

Eiweiß:
45 g

ZUBEREITUNG

1. Das küchenfertige Lachsfilets unter fließendem Wasser waschen, trocken tupfen und in mundgerechte Würfel schneiden.

2. Die Lachsfilets mit Zitronensaft und Worcestersoße beträufeln, mit Salz und Pfeffer würzen und im Kühlschrank 10–15 Minuten ziehen lassen.

3. Die Kartoffeln schälen, waschen und in Stücke schneiden oder vierteln. Die Zwiebel schälen, fein würfeln, mit den Kartoffeln und der Butter in den Thermotopf geben und anschwitzen (5 Minuten/120 °C/geringe Rührstufe).

4. Den Weißwein und die Gemüse- oder Fischbrühe angießen und das Ganze erhitzen (8–10 Minuten/100 °C/geringe Rührstufe).

5. In der Zwischenzeit die Salatgurken putzen, waschen, halbieren, das Kerngehäuse mit einem Teelöffel herausschaben und die Gurken in mundgerechte Stücke oder Scheiben schneiden.

6. Die Gurken zu den Kartoffeln geben. Die geriebene Zitronenschale und die Sahne untermischen. Das Ganze mit Salz, Pfeffer, Zitronensaft und Worcestersoße abschmecken.

7. Die Lachsfilets auf den Dampf-Garaufsatz legen und auf den Thermotopf setzen. Das Ganze zum Kochen bringen und garen (12–14 Minuten/100 °C/ geringe Rührstufe).

8. Nach Ende der Garzeit den Dampf-Garaufsatz mit den Lachsfilets vom Thermotopf nehmen. Das Kartoffel-Gurken-Ragout mit etwas angerührter Speisestärke leicht binden und nochmals mit Salz, Pfeffer, Zitronensaft und Worcestersoße nachwürzen.

9. Das Kartoffel-Gurken-Ragout mit den Lachsfilets dekorativ anrichten, mit dem verlesenen, gewaschenen und fein geschnittenen Dill bestreuen, mit frischen Zitronenscheiben und Dillzweigen garnieren und sofort servieren.

Pizza „Margherita"

ZUTATEN

Für die Tomatensoße:
1 Zwiebel, 2–3 Knoblauchzehen
2–3 EL Olivenöl
500 g Tomaten
Salz, Pfeffer aus der Mühle
1 Prise Cayennepfeffer, 1 EL Zucker
1 TL Kräuter der Provence

Für den Teig:
500 g Mehl
1 Päckchen Trockenhefe
250 ml lauwarmes Wasser
1 TL Zucker, 1 TL Salz
50 ml Olivenöl
Fett für die Form

Für den Belag:
500 g Mozzarella
500 g Kirsch- oder Datteltomaten
1–2 EL Olivenöl
Basilikumblättchen zum Garnieren

Variation:
Jetzt können Sie Ihre Lieben verwöhnen. Belegen Sie Ihre Pizza ganz nach eigenem Gusto. Ob mit Fleisch, Fisch, Salami oder Schinken, die beste Qualität der Zutaten garantiert den Erfolg.

Zubereitungszeit: 70–80 Minuten

Schwierigkeit: mittel

Portionen: Für 4 Personen

Pro Portion:

Kalorien/Joule:
1220/5125

Kohlenhydrate:
105 g

Fett:
64 g

Eiweiß:
40 g

ZUBEREITUNG

1. Die Zwiebel und die Knoblauchzehen schälen, vierteln, in den Thermotopf geben und alles auf höchster Mixstufe einige Sekunden mixen.

2. Das Olivenöl hinzufügen und alles erhitzen (5 Minuten/120 °C/geringe Rührstufe).

3. Die Tomaten enthäuten, entkernen, in Würfel schneiden und zu den Knoblauchzwiebeln geben. Die Soße mit Salz, Pfeffer, Cayennepfeffer, Zucker und Kräutern der Provence würzen und erhitzen (8–10 Minuten/100 °C/geringe Rührstufe). Anschließend die Soße in eine Schüssel geben und vollständig auskühlen lassen.

4. Für den Teig das Mehl in eine Schüssel sieben und mit der Trockenhefe vermischen. Das Wasser, den Zucker, das Salz und das Olivenöl in den Thermotopf geben, die Mehlmischung hinzufügen und das Ganze zu einem glatten Teig verkneten (3–4 Minuten/Knetstufe).

5. Den Pizzateig in eine mit Olivenöl ausgestrichene Schüssel geben, mit einem sauberen Küchentuch abdecken und den Teig an einem warmen Ort zur doppelten Menge (etwa 30 Minuten) aufgehen lassen.

6. Den Teig auf einer bemehlten Arbeitsfläche nochmals kräftig durchkneten und in vier Teile teilen.

7. Portionsweise den Teig in der Größe von Pizzaformen ausrollen, diese ausfetten, den Teig hineinlegen, einen kleinen Rand hochdrücken und erneut 10–15 Minuten gehen lassen.

8. Die Tomatensoße gleichmäßig auf dem Teig verstreichen. Den in Scheiben geschnittenen Mozzarella auf den Pizzen verteilen. Die Kirschtomaten waschen, halbieren und auf dem Mozzarella verteilen. Die Kirschtomaten mit Salz und Pfeffer würzen.

9. Die Pizzen mit etwas Olivenöl beträufeln und in dem auf 200–220 °C vorgeheizten Backofen 12–15 Minuten backen. Die fertig gebackenen Pizzen aus dem Backofen nehmen, dekorativ anrichten, mit Basilikumblättchen garnieren und sofort servieren.

.SMOOTHIES

Himbeersmoothie mit Birnen

ZUTATEN

400 g reife, süße Birnen
400 g Himbeeren
Saft von 1 Zitrone
1 TL Vanillearoma
4–6 EL Zucker
250 ml roter Johannisbeersaft
50 g Eiswürfel

Variation:
Eine ganz besondere Note bekommt unser Himbeersmoothie wenn Sie noch 150 ml geschlagene, gesüßte Sahne entweder kurz vor dem Servieren untermischen oder ganz einfach als Haube auf den Smoothie setzen.

ZUBEREITUNG

1. Die Birnen waschen, trocken tupfen, dünn schälen, vierteln und das Kerngehäuse herausschneiden.

2. Die Himbeeren verlesen, waschen, gut abtropfen lassen, mit den Birnen in den Thermotopf geben und alles auf mittlerer Mixstufe (einige Sekunden) zerkleinern.

3. Den Zitronensaft, das Vanillearoma, den Zucker, den Johannisbeersaft und die Eiswürfel hinzufügen und das Ganze auf höchster Mixstufe (etwa 30 Sekunden) fein pürieren.

4. Den Himbeersmoothie mit Birnen in dekorative Gläser füllen, nach Geschmack mit Minzeblättchen garnieren und sofort servieren.

Zubereitungszeit: 5 Minuten, **Schwierigkeit:** leicht, **Portionen:** Für 4 Personen
Pro Portion: Kalorien/Joule: 160/670, Kohlenhydrate: 35 g, Fett: 0,5 g, Eiweiß: 2 g

Beerensmoothie mit Joghurt

(ohne Abbildung)

ZUTATEN

300 g reife Bananen
Saft von 1 Zitrone
400 g Waldbeeren (Himbeeren, Brombeeren, Walderdbeeren)
1 EL Vanillezucker
4–6 EL Honig
400 g Naturjoghurt
50 g Eiswürfel

Pro Portion:

Kalorien/Joule: 285/1195

Kohlenhydrate: 40 g

Fett: 10 g

Eiweiß: 5 g

ZUBEREITUNG

1. Die Bananen schälen, vierteln und sofort mit Zitronensaft beträufeln. Die Waldbeeren verlesen, waschen, gut abtropfen lassen und mit den Bananen in den Thermotopf geben. Die Früchte auf mittlerer Mixstufe (einige Sekunden) zerkleinern.

2. Den Vanillezucker, den Honig, den Joghurt und die Eiswürfel hinzufügen und das Ganze auf höchster Mixstufe (etwa 30 Sekunden) pürieren.

3. Den Beerensmoothie mit Joghurt in dekorative Gläser füllen, nach Geschmack mit Zitronenmelisseblättchen garnieren und sofort servieren.

Zubereitungszeit: 5 Minuten, **Schwierigkeit:** leicht, **Portionen:** Für 4 Personen

Erdbeersmoothie mit Vanilleeis

ZUTATEN

600 g Erdbeeren
Saft von 1 Zitrone
1 TL Vanillearoma
4–6 EL Zucker
400 g Vanilleeis
100 ml süße Sahne
Minzeblättchen zum Garnieren

Variation:
Da lacht der Gaumen und so manches Schleckermäulchen wenn Sie statt der Erdbeeren auch mal Johannisbeeren oder Brombeeren verwenden.

ZUBEREITUNG

1. Die Erdbeeren verlesen, waschen, gut abtropfen lassen, mit dem Zitronensaft in den Thermotopf geben und alles auf mittlerer Mixstufe (einige Sekunden) grob zerkleinern.

2. Das Vanillearoma, den Zucker, das Vanilleeis und die Sahne hinzufügen und das Ganze auf höchster Mixstufe (etwa 30 Sekunden) pürieren.

3. Den Erdbeersmoothie mit Vanilleeis in dekorative Gläser füllen, mit Minzeblättchen garnieren und sofort servieren.

Zubereitungszeit: 5 Minuten, **Schwierigkeit:** leicht, **Portionen:** Für 4 Personen
Pro Portion: Kalorien/Joule: 335/1410, Kohlenhydrate: 42 g, Fett: 15 g, Eiweiß: 5 g

Himbeersmoothie mit Buttermilch

(ohne Abbildung)

ZUTATEN

600 g Himbeeren
1 Päckchen Vanillezucker
4–6 EL Himbeersirup
400 ml Buttermilch
100 ml süße Sahne
50 g Eiswürfel
2–3 EL Haferflocken
frische Himbeeren und Pfefferminzeblättchen zum Garnieren

Pro Portion:

Kalorien/Joule:
275/1155

Kohlenhydrate:
37 g

Fett:
9 g

Eiweiß:
7,5 g

ZUBEREITUNG

1. Die Himbeeren verlesen, waschen, gut abtropfen lassen, in den Thermotopf geben und alles auf mittlerer Mixstufe (einige Sekunden) zerkleinern.

2. Den Vanillezucker, den Himbeersirup, die Buttermilch, die Sahne und die Eiswürfel hinzufügen und das Ganze auf höchster Mixstufe (etwa 30 Sekunden) pürieren.

3. Die Haferflocken hinzufügen und das Ganze auf höchster Mixstufe (einige Sekunden) mixen.

4. Den Himbeersmoothie mit Buttermilch in dekorative Gläser füllen, nach Geschmack mit frischen Himbeeren bestreuen mit Pfefferminzeblättchen garnieren und sofort servieren.

Zubereitungszeit: 5 Minuten, **Schwierigkeit:** leicht, **Portionen:** Für 4 Personen

Spinatsmoothie mit Bananen

ZUTATEN

1 reife, süße Birnen
2 Bananen
Saft von 1 Zitrone
200 g frischer, junger Spinat
2 EL Zucker
Salz, weißer Pfeffer aus der Mühle
1 Prise Muskat
400 ml Kefir
50 g Eiswürfel
Zitronenmelisseblättchen zum Garnieren

Variation:
Statt Spinat können Sie auch sehr gut andere Salatblätter nehmen. Auch junge Mangoldblätter eignen sich für diesen Smoothie sehr gut.

ZUBEREITUNG

1. Die Birne waschen, trocken tupfen, dünn schälen, vierteln und das Kerngehäuse herausschneiden. Die Bananen schälen, vierteln und sofort mit Zitronensaft beträufeln.

2. Die Spinat verlesen, waschen, gut abtropfen lassen und mit den Birnen und den Bananen in den Thermotopf geben. Alles auf mittlerer Mixstufe (einige Sekunden) zerkleinern.

3. Mit Zucker, Salz, weißem Pfeffer aus der Mühle und Muskat würzen, den Kefir angießen, die Eiswürfel hinzufügen und das Ganze auf höchster Mixstufe (etwa 30 Sekunden) pürieren.

4. Den Spinatsmoothie mit Bananen in dekorative Gläser füllen, nach Geschmack mit Zitronenmelisseblättchen garnieren und sofort servieren.

Zubereitungszeit: 5 Minuten, **Schwierigkeit:** leicht, **Portionen:** Für 4 Personen
Pro Portion: Kalorien/Joule: 275/1155, Kohlenhydrate: 35 g, Fett: 10 g, Eiweiß: 5 g

Orangensmoothie mit Kokosnussmilch

(ohne Abbildung)

ZUTATEN

800 g reife, saftige Orangen
Saft von 1 Zitrone
1 TL Vanillearoma
4–6 EL Honig
400 ml Kokosnussmilch
50 g Eiswürfel
Zitronenmelisseblättchen zum Garnieren

Pro Portion:

Kalorien/Joule:
155/650

Kohlenhydrate:
35 g

Fett:
1 g

Eiweiß:
1,5 g

ZUBEREITUNG

1. Die Orangen großzügig schälen und die weiße Innenhaut entfernen. Hierfür am besten mit einem scharfen Messer die Schale abschneiden. Anschließend die Orangenfilets herausschneiden und diese in den Thermotopf geben.

2. Das restliche Orangenfruchtfleisch auspressen und den Orangensaft mit dem Zitronensaft zu den Orangenfilets geben. Alles auf mittlerer Mixstufe (einige Sekunden) zerkleinern.

3. Das Vanillearoma, den Honig, die Kokosnussmilch und die Eiswürfel hinzufügen und das Ganze auf höchster Mixstufe (etwa 30 Sekunden) pürieren.

4. Den Orangensmoothie mit Kokosnussmilch in dekorative Gläser füllen, nach Geschmack mit Zitronenmelisseblättchen garnieren und sofort servieren.

Zubereitungszeit: 10 Minuten, **Schwierigkeit:** leicht, **Portionen:** Für 4 Personen

Melonensmoothie mit Kiwis

ZUTATEN

400 g reife Kiwis
400 g Wassermelonenfruchtfleisch
Saft von 1 Zitrone
1 TL Vanillearoma
4–6 EL Kirschmarmelade
250 ml Sauerkirschsaft
50 g Eiswürfel
Zitronenmelisseblättchen zum Garnieren

Variation:
Verwenden Sie statt der Wassermelonen Honigmelonen und tauschen Sie die Kiwis gegen Aprikosen so sollten Sie auch Aprikosenmarmelade und -saft verwenden – einfach himmlisch!

ZUBEREITUNG

1. Die Kiwis dünn schälen und in grobe Würfel schneiden. Das Wassermelonenfruchtfleisch ebenfalls in grobe Würfel schneiden und die Kerne entfernen.

2. Die Kiwi- und Melonenwürfel in den Thermotopf geben und alles auf mittlerer Mixstufe (einige Sekunden) zerkleinern.

3. Den Zitronensaft, das Vanillearoma, die Kirschmarmelade, den Sauerkirschsaft und die Eiswürfel hinzufügen und das Ganze auf höchster Mixstufe (etwa 30 Sekunden) pürieren.

4. Den Melonensmoothie mit Kiwis in dekorative Gläser füllen, nach Geschmack mit Zitronenmelisseblättchen garnieren und sofort servieren.

Zubereitungszeit: 7–8 Minuten, **Schwierigkeit:** leicht, **Portionen:** Für 4 Personen
Pro Portion: Kalorien/Joule: 180/755, Kohlenhydrate: 37 g, Fett: 1 g, Eiweiß: 2,5 g

Orangen-Karotten-Smoothie

(ohne Abbildung)

ZUTATEN

600 g Orangen
Saft von 1 Zitrone
1 TL Vanillearoma
3–4 EL Agavendicksaft
400 ml Karottensaft
50 g Eiswürfel

Außerdem:
Kräuterzweigen und Orangenscheiben zum Garnieren

Pro Portion:

Kalorien/Joule:
100/420

Kohlenhydrate:
22 g

Fett:
0,5 g

Eiweiß:
1,5 g

ZUBEREITUNG

1. Die Orangen großzügig schälen und die weiße Innenhaut entfernen. Hierfür am besten mit einem scharfen Messer die Schale abschneiden. Anschließend die Orangenfilets herausschneiden und diese in den Thermotopf geben.

2. Das restliche Orangenfruchtfleisch auspressen und den Orangensaft mit dem Zitronensaft zu den Orangenfilets geben. Alles auf mittlerer Mixstufe (einige Sekunden) zerkleinern.

3. Das Vanillearoma, den Agavendicksaft, den Karottensaft und die Eiswürfel hinzufügen und das Ganze auf höchster Mixstufe (etwa 30 Sekunden) pürieren.

4. Den Orangen-Karotten-Smoothie in dekorative Gläser füllen, nach Geschmack mit Kräuterzweigen und Orangenscheiben garnieren und sofort servieren.

Zubereitungszeit: 7–8 Minuten, **Schwierigkeit:** leicht, **Portionen:** Für 4 Personen

Beerensmoothie mit Ingwer

ZUTATEN

200 g reife Johannisbeeren
200 g Heidelbeeren
200 g Erdbeeren
200 g Himbeeren
1 Stück Ingwerwurzel
Saft von 1 Zitrone
1 TL Vanillearoma
4–6 EL Zucker
250 ml roter Johannisbeersaft
50 g Eiswürfel

Außerdem:
Kräuterzweigen zum Garnieren

Variation:
Statt der Beeren können Sie auch eine Mischung aus exotischen Früchten verwenden. Zum Pürieren dann aber Ananassaft verwenden.

ZUBEREITUNG

1. Die Johannisbeeren, die Heidelbeeren, die Erdbeeren und die Himbeeren verlesen waschen, gut abtropfen lassen und in den Thermotopf geben.

2. Die Ingwerwurzel schälen, grob raspeln und zu den Beeren geben. Alles auf mittlerer Mixstufe (einige Sekunden) zerkleinern.

3. Den Zitronensaft, das Vanillearoma, den Zucker, den Johannisbeersaft und die Eiswürfel hinzufügen und das Ganze auf höchster Mixstufe (etwa 30 Sekunden) fein pürieren.

4. Den Beerensmoothie mit Ingwer in dekorative Gläser füllen, nach Geschmack mit Kräuterzweigen garnieren und sofort servieren.

Zubereitungszeit: 7–8 Minuten, **Schwierigkeit:** leicht, **Portionen:** Für 4 Personen
Pro Portion: Kalorien/Joule: 200/840, Kohlenhydrate: 42 g, Fett: 1 g, Eiweiß: 2,5 g

Mangosmoothie mit Aprikosen

(ohne Abbildung)

ZUTATEN

4 reife, süße Mangos
400 g Aprikosen
Saft von 1 Zitrone, Saft von 1 Orange
1 TL Vanillearoma
4–6 EL Aprikosenmarmelade
400 g Sahnejoghurt, 50 g Eiswürfel

Außerdem:
Kräuterzweigen zum Garnieren

Pro Portion:

Kalorien/Joule:
350/1470

Kohlenhydrate:
54 g

Fett:
10 g

Eiweiß:
5,5 g

ZUBEREITUNG

1. Die Mangos dünn schälen, das Fruchtfleisch vom Kern schneiden und in grobe Würfel schneiden. Die Aprikosen waschen, halbieren, den Kern herauslösen und die Früchte ebenfalls in grobe Würfel schneiden.

2. Die Mango- und Aprikosenstücke in den Thermotopf geben und alles auf mittlerer Mixstufe (einige Sekunden) zerkleinern.

3. Den Zitronen- und Orangensaft, das Vanillearoma, die Aprikosenmarmelade, den Sahnejoghurt und die Eiswürfel hinzufügen und das Ganze auf höchster Mixstufe (etwa 30 Sekunden) pürieren.

4. Den Mangosmoothie mit Aprikosen in dekorative Gläser füllen, nach Geschmack mit Kräuterzweigen garnieren und sofort servieren.

Zubereitungszeit: 7–8 Minuten, **Schwierigkeit:** leicht, **Portionen:** Für 4 Personen

.SÜSSES

Weiße Schokomousse mit Sauerkirschen

ZUTATEN

Für die Mousse:
250 g weiße Kuvertüre
50 ml Milch
2 EL Kirschwasser
3 Blatt weiße Gelatine
350 ml Sahne

Für die Kirschsoße:
1 Glas Kirschen (350 g netto)
200 ml Kirschsaft
200 ml Rotwein
80 g Honig
Speisestärke zum Binden
2–4 cl Rum

Außerdem:
Schokoladenspäne und Zitronenmelisse zum Garnieren

Variation:
Statt der Kirschsoße passt auch sehr gut ein Fruchtmark zur Schokomousse. Hierfür werden frische Früchte mit Honig und Vanillearoma püriert.

Zubereitungszeit: 60 Minuten

Schwierigkeit: mittel

Portionen: Für 4 Personen

Pro Portion:

Kalorien/Joule: 760/3190

Kohlenhydrate: 100 g

Fett: 32 g

Eiweiß: 9 g

ZUBEREITUNG

1. Die Kuvertüre in grobe Stücke brechen, in den Thermotopf geben und bei mittlerer Stufe 6–8 Sekunden zerkleinern. Die Milch und das Kirschwasser angießen und die Kuvertüre schmelzen (3 Minuten/60 °C/geringe Rührstufe).

2. Anschließend die gut gewässerte Gelatine in der warmen Schokoladenmasse auflösen. Die Schokoladenmasse in eine Rührschüssel geben und kalt rühren.

3. Die Sahne in den Thermotopf geben und steif schlagen (Rührbesen/mittlere Rührstufe). Ein Drittel der steif geschlagenen Sahne mit der Hand in die Schokoladenmasse einrühren und die restliche Sahne vorsichtig unterheben. Anschließend die Masse einige Stunden im Kühlschrank zugedeckt vollständig auskühlen lassen.

4. Für die Kirschsoße die Kirschen gut abtropfen lassen, dabei den Saft auffangen. 200 ml Kirschsaft mit dem Rotwein und dem Honig in den Thermotopf geben und einmal aufkochen lassen (4–5 Minuten/120 °C/geringe Rührstufe).

5. Die Soße mit etwas angerührter Speisestärke leicht binden und mit Rum aromatisieren. Die Kirschen in die Soße geben und das Ganze erkalten lassen.

6. Aus der Schokoladenmousse – mit zwei in heißes Wasser getauchten Esslöffeln – Nockerl abstechen und diese mit der Kirschsoße dekorativ in Schälchen anrichten.

7. Das Ganze mit Schokoladenspänen und Zitronenmelisseblättchen garnieren und sofort servieren.

Schnelles Waldbeereneis

ZUTATEN

500 g Waldbeerenmischung (TK-Produkt)
125 g Zucker
1 TL Vanillearoma
200 ml süße Sahne

Außerdem:
Eiswaffeln, Zuckerstreusel
Melisseblättchen zum Garnieren

ZUBEREITUNG

1. Die gefrorenen Früchte mit dem Zucker und dem Vanillearoma in den Thermotopf geben und bei mittlerer Mixstufe (10–15 Sekunden) zerkleinern.

2. Die Sahne angießen und die Masse zu einem cremigen Eis verarbeiten. Am besten die Masse mehrmals bei höchster Mixstufe pürieren und dazwischen immer wieder mit der Hand und einem Rührbesen kurz glatt rühren.

3. Das fertige Eis portionsweise in die Eiswaffeln füllen, mit Zuckerstreuseln bestreuen, mit Zitronenmelisseblättchen garnieren und sofort servieren.

Zubereitungszeit: 10 Minuten, **Schwierigkeit:** leicht, **Portionen:** Für 4 Personen
Pro Portion: Kalorien/Joule: 470/1975, Kohlenhydrate: 75 g, Fett: 16 g, Eiweiß: 2,5 g

Variation:
Aus unserem Waldbeereneis lassen sich viele verschiedene Fruchteissorten ableiten. Wenn Sie frische Früchte haben, so frieren Sie diese auf Vorrat immer in kleinen Stückchen ein. So können Sie immer schnell und einfach ein köstliches Früchteeis zaubern.

Apfeleis mit Calvados

(ohne Abbildung)

ZUTATEN

4 säuerliche Äpfel
Saft von 1 Zitrone
150 g Puderzucker
1 Päckchen Vanillezucker
8 cl Calvados
100 ml Milch
200 ml Sahne
2 Eigelb

Außerdem:
Eiswaffeln, Apfelschnitze und Zitronenmelisseblättchen zum Garnieren

Pro Portion:

Kalorien/Joule: 490/2060

Kohlenhydrate: 55 g

Fett: 21 g

Eiweiß: 5 g

ZUBEREITUNG

1. Die Äpfel schälen, entkernen, das Fruchtfleisch in grobe Würfel schneiden und mit Zitronensaft beträufeln.

2. Die Äpfel mit dem Puderzucker und dem Vanillezucker in den Termotopf geben und zum Kochen bringen (8–10 Minuten/100 °C/geringe Rührstufe).

3. Den Calvados einrühren und das Ganze auf höchster Mixstufe (einige Sekunden) pürieren. Das Apfelmus in eine Schüssel geben und vollständig erkalten lassen.

4. Die Milch mit der Sahne in den Termotopf geben und zum Kochen bringen (4–5 Minuten/120 °C/geringe Rührstufe). Die Milchsahne in eine Schüssel geben, die Eigelbe mit einem Schneebesen kräftig darunterschlagen und vollständig – am besten im Kühlschrank – auskühlen lassen.

5. Das Apfelmus mit der Milchsahne vermischen und gut verrühren. Die Masse in den Behälter der Eismaschine füllen und das Apfeleis in der Eismaschine frosten. Das fertige Apfeleis mit einem Eisportionierer portionieren und dekorativ anrichten. Mit Eiswaffeln, Apfelschnitzen und Zitronenmelisseblättchen garnieren und sofort servieren.

Zubereitungszeit: 120 Minuten, **Schwierigkeit:** leicht, **Portionen:** Für 4 Personen

Schokoladen-Sahneeis

ZUTATEN

200 g Vollmilchschokolade
200 ml Milch
125 g Puderzucker
4 Eigelb
1 TL Vanillearoma
2 EL Kakaopulver
300 ml Sahne

Außerdem:
gerösteten Mandelblättchen zum Bestreuen
Pfefferminzeblättchen zum Garnieren
Schokoröllchen

ZUBEREITUNG

1. Die Vollmilchschokolade in grobe Stücke brechen, in den Thermotopf geben und bei mittlerer Stufe 6–8 Sekunden zerkleinern. 100 ml Milch und den Puderzucker hinzufügen und die Vollmilchschokolade schmelzen (3 Minuten/60 °C/geringe Rührstufe).

2. Die restliche Milch mit den Eigelben, dem Vanillearoma, dem Kakaopulver und 100 ml Sahne hinzufügen und unter Rühren erhitzen (8–10 Minuten/90 °C/ geringe Rührstufe).

3. Die Creme in eine Schüssel geben und vollständig – am besten im Kühlschrank – auskühlen lassen. Die Masse in den Behälter der Eismaschine füllen und die Schokocreme in der Eismaschine frosten.

4. Die restliche Sahne steif schlagen und kurz bevor das Eis vollständig gefroren ist, die Sahne unterrühren. Das Schokoladeneis in der Eismaschine weiterfrosten, bis es vollständig fertig ist.

5. Aus dem Schokoladen-Sahneeis Kugeln formen, diese in dekorative Gläser oder in Eiswaffeln geben, mit gerösteten Mandelblättchen bestreuen, mit Pfefferminzeblättchen garnieren und mit Schokoröllchen sofort servieren.

Zubereitungszeit: 60 Minuten, **Schwierigkeit:** leicht, **Portionen:** Für 4 Personen
Pro Portion: Kalorien/Joule: 720/3025, Kohlenhydrate: 65 g, Fett: 45 g, Eiweiß: 12 g

Vanilleeis

(ohne Abbildung)

ZUTATEN

400 ml Milch
150 g Zucker
1 Vanilleschote
2 EL Vanillearoma
4 Eigelb
400 ml Sahne

Pro Portion:

Kalorien/Joule:
600/2520

Kohlenhydrate:
45 g

Fett:
40 g

Eiweiß:
9 g

ZUBEREITUNG

1. Die Milch mit dem Zucker, der halbierten und zerkleinerten Vanilleschote, dem Vanillearoma, den Eigelben und 200 ml Sahne in den Thermotopf geben und unter Rühren erhitzen (8–10 Minuten/70 °C/ geringe Rührstufe).

2. Die Creme in eine Schüssel geben und vollständig – am besten im Kühlschrank – auskühlen lassen. Die Masse in den Behälter der Eismaschine füllen und die Vanillecreme in der Eismaschine frosten.

3. Die restliche Sahne steif schlagen und kurz bevor das Eis vollständig gefroren ist, die Sahne unterrühren. Das Vanilleeis in der Eismaschine weiterfrosten, bis es vollständig fertig ist.

4. Das Vanilleeis in einen Spritzbeutel füllen, in dekorative Gläser oder in Eiswaffeln dressieren und sofort servieren.

Zubereitungszeit: 60 Minuten, **Schwierigkeit:** leicht, **Portionen:** Für 4 Personen

Grießflammeri mit marinierten Beeren

ZUTATEN

500 ml Milch
1 TL Vanillearoma
1 EL geriebene Zitronenschale
40 g Zucker
1 Prise Salz
65 g Grieß
1 Eigelb
1 Eiweiß

Außerdem:
je 100 g Erdbeeren, Himbeeren und Heidelbeeren
6 cl Mandellikör
2–3 EL Zucker
Zitronenmelisseblättchen zum Garnieren
Puderzucker zum Bestäuben

ZUBEREITUNG

1. Die Milch mit dem Vanillearoma, der Zitronenschale, dem Zucker und dem Salz in den Thermotopf geben und unter Rühren erhitzen (5 Minuten/120 °C/geringe Rührstufe).

2. Den Grieß einrühren und bei geringer Hitze ausquellen lassen (12–15 Minuten/80 °C/geringe Rührstufe).

3. Den Grießpudding in eine Rührschüssel geben, das Eigelb in den noch warmen Pudding einrühren und das Ganze vollständig erkalten lassen.

4. Das Eiweiß in den sauberen Thermotopf geben, mit dem Rührbesen zu steifem Schnee schlagen (3 Minuten/mittlere Rührstufe). Den Eischnee mit einem Rührlöffel kurz vor dem Erkalten unter den Flammeri ziehen.

5. Den Grießflammeri gleichmäßig in dekorative Förmchen füllen und im Kühlschrank vollständig fest werden lassen.

6. Die Beeren verlesen, waschen, gut abtropfen lassen, in eine Schüssel geben, mit dem Mandellikör beträufeln, mit Zucker bestreuen und kurz ziehen lassen.

7. Den Grießflammeri aus den Förmchen stürzen und dekorativ anrichten. Die marinierten Früchte hinzufügen.

8. Den Grießflammeri mit marinierten Beeren mit Zitronenmelisseblättchen garnieren, mit Puderzucker bestäuben und sofort servieren.

Variation:
Zum Grießflammerie können Sie auch exotische Früchte, ein Apfel-, Birnen- oder Zwetschgenkompott oder ganz einfach eine Schokoladensoße servieren.

Zubereitungszeit: 60 Minuten

Schwierigkeit: leicht

Portionen: Für 4 Personen

Pro Portion:

Kalorien/Joule:
415/1745

Kohlenhydrate:
70 g

Fett:
7,5 g

Eiweiß:
9 g

MARMELADEN, PESTOS & CO

Tomatenpesto

ZUTATEN

3 Tomaten
100 g getrocknete, in Öl eingelegte Tomaten
30 g leicht geröstete Pinienkerne
2 Knoblauchzehen
5 Zweige Basilikum
Salz, Pfeffer aus der Mühle
50 g geriebener Parmesankäse
50 ml Olivenöl

ZUBEREITUNG

1. Die Tomaten enthäuten, entkernen und in den Thermotopf geben. Die gut abgetropften, eingelegten Tomaten, mit den Pinienkernen, den geschälten, Knoblauchzehen und dem verlesenen, gewaschenen Basilikum zu den Tomaten geben.

2. Das Ganze auf mittlerer Mixstufe einige Sekunden zerkleinern und mit Salz und Pfeffer kräftig würzen. Zum Schluss den Parmesankäse und das Olivenöl einrühren. Das Pesto in gut verschließbare Gläser füllen und bis zum Verzehr kühl und dunkel aufbewahren.

Zubereitungszeit: 7–8 Minuten, **Schwierigkeit:** leicht, **Portionen:** Für 4 Personen
Pro Portion: Kalorien/Joule: 375/1575, Kohlenhydrate: 9 g, Fett: 32 g, Eiweiß: 9 g

Scharfes Früchtepesto

ZUTATEN

100 ml Apfelsaft, 2 EL brauner Zucker
1 Zimtpulver, 1 Prise Nelkenpulver
½ TL Anispulver, 1 TL Vanillearoma
Saft und Schale von 1 Orange
1 rote Chilischote
200 g Trockenobst (Ananas, Feigen, Datteln, Aprikosen, Pflaumen)
einige Zweige Pfefferminze
50 g gemahlene Mandeln
50 ml Olivenöl

ZUBEREITUNG

1. Den Apfelsaft, die Gewürze, die entkernte Chilischote und die Trockenobstmischung in den Thermotopf geben und garen (8–10 Minuten/100 °C/geringe Rührstufe) und auf mittlerer Mixstufe einige Sekunden zerkleinern.

2. Die verlesene, gewaschene und gehackte Pfefferminze mit den gemahlenen Mandeln untermischen und das Olivenöl tropfenweise einrühren. Das scharfe Früchtepesto in gut verschließbare Gläser füllen und bis zum Verzehr kühl und dunkel aufbewahren.

Zubereitungszeit: 7–8 Minuten, **Schwierigkeit:** leicht, **Portionen:** Für 4 Personen
Pro Portion: Kalorien/Joule: 385/1617, Kohlenhydrate: 42 g, Fett: 20 g, Eiweiß: 4 g

Ricottapesto

ZUTATEN

50 g geriebener Pecorino-Käse
50 g Pinienkerne
100 g getrocknet, in Öl eingelegte Tomaten
50 ml Tomatenöl aus dem Glas
50 ml Gemüsebrühe
200 g Ricotta, Salz, Pfeffer aus der Mühle
1 Prise Cayennepfeffer

ZUBEREITUNG

1. Die Zutaten in den Thermotopf geben und das Ganze auf mittlerer Mixstufe einige Sekunden verrühren.

2. Das Ganze mit Salz, Pfeffer aus der Mühle und Cayennepfeffer kräftig abschmecken. Das Ricottapesto in gut verschließbare Gläser füllen und bis zum Verzehr kühl und dunkel aufbewahren.

Zubereitungszeit: 2–3 Minuten, **Schwierigkeit:** leicht, **Portionen:** Für 4 Personen
Pro Portion: Kalorien/Joule: 445/1870, Kohlenhydrate: 7 g, Fett: 38 g, Eiweiß: 15 g

Aglio e Olio

ZUTATEN

1 Zwiebel
6 Knoblauchzehen
1 kleine rote Peperoni
200 g getrocknete Tomaten
2–3 EL Butter
2–3 EL Olivenöl
50 ml Gemüse- oder Fleischbrühe
Salz, Pfeffer aus der Mühle
1 Prise Muskat
1 Prise Cayennepfeffer
einige Tropfen Zitronensaft

Außerdem:
50 ml Olivenöl
50 g gemischte Kräuter (Basilikum, Petersilie, Pfefferminze, Rucola und/oder Melisse)
100 g geriebener Parmesankäse

ZUBEREITUNG

1. Die Zwiebel und den Knoblauch schälen und grob zerkleinern. Die Peperoni putzen, halbieren, entkernen, waschen und grob zerkleinern.

2. Die Peperoni, die getrockneten Tomaten, die Zwiebeln und den Knoblauch in den Thermotopf geben und alles auf höchster Mixstufe (einige Sekunden) grob mixen.

3. Die Butter mit dem Olivenöl hinzufügen. Die Gemüse- oder Fleischbrühe angießen und das Ganze zum Kochen bringen (6–8 Minuten/100 °C/geringe Rührstufe).

4. Das Pesto mit Salz, Pfeffer, Muskat, Cayennepfeffer und Zitronensaft kräftig abschmecken, in eine Schüssel geben und vollständig erkalten lassen.

5. Anschließend das Olivenöl tropfenweise mit einem Schneebesen unter das Pesto rühren.

6. Die Kräuter verlesen, die Blättchen abzupfen, waschen, fein schneiden und mit dem geriebenen Parmesankäse ebenfalls mit einem Schneebesen unterrühren.

7. Die Aglio e Olio in gut verschließbare Gläser füllen und bis zum Verzehr kühl und dunkel aufbewahren.

Variation:
Eine ganz eigene Note bekommt das Pesto wenn Sie noch einige entsteinte, schwarze und grüne Oliven mit den getrockneten Tomaten verarbeiten.

Zubereitungszeit: 20–25 Minuten

Schwierigkeit: leicht

Portionen: Für 4 Personen

Pro Portion:

Kalorien/Joule:
410/1720

Kohlenhydrate:
8 g

Fett:
35 g

Eiweiß:
12 g

Mozzarellapesto

ZUTATEN

2–3 Schalotten
2–3 Knoblauchzehen
1 kleines Glas entsteinte Oliven
2 EL Olivenöl
4–6 Tomaten
50 g gemischte Kräuter
(Basilikum, Petersilie, Pfefferminze, Rucola und/oder Melisse)
Salz, Pfeffer aus der Mühle
1 Prise Cayennepfeffer
1 Prise Zucker

Außerdem:
250 g Mozzarella
100 g geriebener Parmesankäse
50 ml Olivenöl

Variation:
Ganz besonders pikant wird unser Pesto wenn Sie statt des Mazzarellas Edelpilzkäse verwenden und die Oliven durch Frühlingszwiebeln ersetzen.

ZUBEREITUNG

1. Die Schalotten und den Knoblauch schälen und grob zerkleinern. Die abgetropften Oliven, die Schalotten und den Knoblauch in den Thermotopf geben und alles auf höchster Mixstufe grob mixen (einige Sekunden).

2. Das Olivenöl hinzufügen und die Olivenmischung darin kurz anschwitzen (3 Minuten/120 °C/geringe Rührstufe).

3. Die enthäuteten, entkernten und gewürfelten Tomaten dazugeben und unter Rühren kurz dünsten (3 Minuten/120 °C/geringe Rührstufe). Das Ganze zum Schluss nochmals auf höchster Mixstufe kurz mixen (einige Sekunden).

4. Das Pesto in eine Rührschüssel geben und die verlesenen, gewaschenen und fein geschnittenen Kräuter unterziehen. Die Tomaten mit Salz, Pfeffer, Cayennepfeffer und Zucker kräftig abschmecken und vollständig erkalten lassen.

5. Den Mozzarella in sehr feine Würfel schneiden und mit dem geriebenen Parmesankäse unter die Tomaten heben.

6. Das Olivenöl tropfenweise mit einem Rührbesen einrühren. Das Mozzarellapesto in gut verschließbare Gläser füllen und bis zum Verzehr kühl und dunkel aufbewahren.

Zubereitungszeit: 5–8 Minuten, **Schwierigkeit:** leicht, **Portionen:** Für 4 Personen
Pro Portion: Kalorien/Joule: 600/2520, Kohlenhydrate: 10 g, Fett: 49 g, Eiweiß: 25 g

Kräuterpesto

Bild auf Seite 96

ZUTATEN

50 g Kräuter nach Wahl
(Basilikum, Petersilie, Pfefferminze, Rucola und/oder Melisse)
4 Knoblauchzehen
1 TL Salz
50 g Pinienkerne
Salz, Pfeffer aus der Mühle
1 Prise Cayennepfeffer
125–150 g geriebener Parmesankäse
150 ml Olivenöl

ZUBEREITUNG

1. Die Kräuter verlesenen, waschen, zerpflücken und in den Thermotopf geben. Den Knoblauch schälen, grob zerkleinern und mit dem Salz und den Pinienkernen hinzufügen.

2. Das Ganze auf höchster Mixstufe einige Sekunden zerkleinern und mit Salz, Pfeffer und Cayennepfeffer kräftig würzen. Zum Schluss den Parmesankäse und das Olivenöl einrühren. Das Pesto in gut verschließbare Gläser füllen und bis zum Verzehr kühl und dunkel aufbewahren.

Zubereitungszeit: 5–8 Minuten, **Schwierigkeit:** leicht, **Portionen:** Für 4 Personen
Pro Portion: Kalorien/Joule: 600/2520, Kohlenhydrate: 8 g, Fett: 50 g, Eiweiß: 19 g

Mangochutney

ZUTATEN

2 Zwiebeln
4 Knoblauchzehen
2 Mangos
2 Äpfel
2 Chilischoten
3 EL Olivenöl
1 Stück Ingwer
200 ml Weißwein
50 ml Essig
50 g brauner Zucker
Salz, Pfeffer aus der Mühle
1 TL Zimtpulver
½ TL Anispulver
1 TL Kardamompulver
Speisestärke zum Binden

Variation:
Probieren Sie einfach mal die Kartoffeln vorher ein wenig mit Kümmel einzureiben, dadurch wird der Geschmack intensiviert.

ZUBEREITUNG

1. Die Zwiebeln und die Knoblauchzehen schälen und vierteln. Die Mangos dünn schälen, das Fruchtfleisch von den Kernen lösen und in grobe Würfel schneiden.

2. Die Äpfel schälen, vierteln, das Kerngehäuse herausschneiden und die Äpfel ebenfalls grob würfeln.

3. Die Chilischoten halbieren, entkernen, waschen und grob zerkleinern. Die Zutaten in den Thermotopf geben und alles auf mittlerer Mixstufe (einige Sekunden) grob mixen.

4. Das Olivenöl hinzufügen. Die geschälte und geraspelte Ingwerwurzel mit dem Weißwein, dem Essig und dem Zucker einrühren. Das Ganze mit Salz, Pfeffer, Zimt-, Anis- und Kardamompulver kräftig würzen und alles zum Kochen bringen (8–10 Minuten/100 °C/geringe Rührstufe).

5. Das Chutney mit angerührter Speisestärke leicht binden, nachwürzen, vollständig erkalten lassen, in dekorative Schälchen füllen und bis zum Verzehr kühl und dunkel aufbewahren.

Zubereitungszeit: 5–8 Minuten, **Schwierigkeit:** leicht, **Portionen:** Für 4 Personen
Pro Portion: Kalorien/Joule: 290/1220, Kohlenhydrate: 32 g, Fett: 13 g, Eiweiß: 1 g

Tomatenchutney mit Pfeffer

(ohne Abbildung)

ZUTATEN

500 g rote Zwiebeln
4 Knoblauchzehen
1 großes Stück Ingwerwurzel
1 kg reife Tomaten
100 getrocknete Tomaten
250 ml Apfelessig
100 ml Rotwein
1 EL Salz
4 EL rosa Pfefferkörner
2 TL Vanillearoma
Salz, Pfeffer aus der Mühle
250 g Honig
Speisestärke zum Binden

ZUBEREITUNG

1. Die Zwiebeln und die Knoblauchzehen schälen und vierteln. Den Ingwer schälen und grob raspeln. Die Zutaten in den Thermotopf geben und alles auf mittlerer Mixstufe (einige Sekunden) grob mixen.

2. Die enthäuteten, entkernten und gewürfelten Tomaten und die getrockneten Tomaten dazugeben und unter Rühren kurz dünsten (3 Minuten/120 °C/geringe Rührstufe).

3. Apfelessig und Rotwein angießen. Salz, Pfefferkörner und Vanillearoma hinzufügen und mit Salz und Pfeffer würzen. Den Honig untermischen und alles zum Kochen bringen (8–10 Minuten/100 °C/geringe Rührstufe).

4. Das Chutney mit angerührter Speisestärke leicht binden, nachwürzen, vollständig erkalten lassen, in dekorative Schälchen füllen und bis zum Verzehr kühl und dunkel aufbewahren.

Zubereitungszeit: 20 Minuten, **Schwierigkeit:** leicht, **Portionen:** Für 4 Personen
Pro Portion: Kalorien/Joule: 330/1390, Kohlenhydrate: 68 g, Fett: 1 g, Eiweiß: 5 g

Rotes Orangenchutney

ZUTATEN

200 g Kandiszucker
100 ml Rotwein
200 ml Rotweinessig
1 Stück Ingwerwurzel
1,5 kg Orangen
500 g süßsäuerliche Äpfel
2 TL Zimtpulver
je 1 TL Piment-, Muskat- und Korianderpulver
1 kleines Glas Preiselbeeren

ZUBEREITUNG

1. Den Kandiszucker in den Thermotopf geben und auf höchster Mixstufe einige Sekunden zerkleinern. Den Ingwer schälen und grob raspeln. Vier Orangen unter heißem Wasser abbürsten, die Schale abschneiden und in Streifen schneiden. Alle Orangen schälen, filieren und den Orangensaft auspressen.

2. Die Äpfel schälen und entkernen, mit den Gewürzen und den restlichen Zutaten in den Thermotopf geben. Alles auf mittlerer Mixstufe einige Sekunden zerkleinern und köcheln lassen (8–10 Minuten/100 °C/geringe Rührstufe). Zum Schluss die Preiselbeeren untermischen. Das Chutney in gut verschließbare Gläser füllen und bis zum Verzehr kühl aufbewahren.

Zubereitungszeit: 20 Minuten, **Schwierigkeit:** leicht, **Portionen:** Für 12 Portionen
Pro Portion: Kalorien/Joule: 160/670, Kohlenhydrate: 35 g, Fett: 0,5 g, Eiweiß: 0,7 g

Ananas-Karotten-Relish

ZUTATEN

je 500 g Karotten und Zwiebeln
8–10 Knoblauchzehen
500 g Ananasfruchtfleisch
150 g Zucker
100 g Rosinen
2 EL Curry
2 EL Senfkörner
1 EL Korianderkörner
2 EL Salz
300 ml Apfelessig
200 ml Weißwein

ZUBEREITUNG

1. Karotten, Zwiebeln und Knoblauchzehen schälen, klein schneiden in den Thermotopf geben und auf höchster Mixstufe einige Sekunden zerkleinern.

2. Das Ananasfruchtfleisch vorbereiten, in feine Würfel schneiden mit den restlichen Zutaten zum Gemüse geben und köcheln lassen (8–10 Minuten/100 °C/geringe Rührstufe).

3. Das Relish nochmals nachwürzen, in dekorative Schälchen füllen, mit Kräuterzweigen garnieren und bis zum Verzehr kühl aufbewahren.

Zubereitungszeit: 20 Minuten, **Schwierigkeit:** leicht, **Portionen:** 12 Portionen
Pro Portion: Kalorien/Joule: 145/610, Kohlenhydrate: 30 g, Fett: 0,3 g, Eiweiß: 2 g

Trockenobst-Chutney

ZUTATEN

je 100 g getrocknete Apfelscheiben, Bananenscheiben und Pflaumen
100 g Rosinen
250 ml Obstessig
1 EL Salz, 1 EL Senfkörner
1 Stück geschälte Ingwerwurzel
500 g Himbeeren (frisch oder TK-Produkt)
200 g Honig

ZUBEREITUNG

1. Die Zutaten in den Thermotopf geben, das Ganze auf höchster Mixstufe einige Sekunden mixen und köcheln lassen (10–12 Minuten/100 °C/geringe Rührstufe).

2. Das Trockenobst-Chutney in gut verschließbare Gläser füllen und bis zum Verzehr kühl und dunkel aufbewahren.

Zubereitungszeit: 20 Minuten, **Schwierigkeit:** leicht, **Portionen:** 12 Portionen
Pro Portion: Kalorien/Joule: 110/460, Kohlenhydrate: 25 g, Fett: 0,3 g, Eiweiß: 1 g

Erdbeermarmelade

ZUTATEN

1 kg frische Erdbeeren
2 EL Vanillearoma
1 Messerspitze Einmachhilfe
1 Päckchen Zitronensäure
500 g Gelierzucker Extra (2 : 1)

Variation:
Sie können statt der Erdbeeren auch alle anderen Beeren (Himbeeren, Brombeeren, Heidelbeeren oder Johannisbeeren) nach unserem Rezept zu köstlichen Marmeladen verarbeiten.

ZUBEREITUNG

1. Die Erdbeeren putzen, waschen, in Stücke schneiden und in den Thermotopf geben.

2. Das Vanillearoma und die Einmachhilfe mit der Zitronensäure und dem Gelierzucker hinzufügen.

3. Das Ganze auf höchster Mixstufe einige Sekunden mixen und köcheln lassen (10–12 Minuten/100 °C/geringe Rührstufe).

4. Die Marmelade in sterilisierte, heiß ausgespülte Twist-off-Gläser füllen, diese sofort verschließen, stürzen und erkalten lassen. Die Erdbeermarmelade bis zum Verzehr kühl aufbewahren.

Zubereitungszeit: 20 Minuten, **Schwierigkeit:** leicht, **Portionen:** 12 Portionen
Pro Portion: Kalorien/Joule: 190/800, Kohlenhydrate: 45 g, Fett: 0,3 g, Eiweiß: 0,7 g

Vanille-Himbeer-Konfitüre

(ohne Abbildung)

ZUTATEN

1,5 kg frische Himbeeren
6–10 cl Himbeergeist
4 TL Vanillearoma
2 EL geriebene Zitronenschale
Saft von 1 Zitrone
1 TL gemahlener Ingwer
1 Messerspitze Einmachhilfe
1 Päckchen Zitronensäure
500 g Super-Gelierzucker (3 : 1)

ZUBEREITUNG

1. Die Himbeeren putzen, waschen und mit dem Himbeergeist, dem Vanillearoma, der geriebenen Zitronenschale, dem Zitronensaft und dem Ingwer in den Thermotopf geben.

2. Die Einmachhilfe mit der Zitronensäure und dem Gelierzucker hinzufügen. Das Ganze auf höchster Mixstufe einige Sekunden mixen und köcheln lassen (10–12 Minuten/100 °C/geringe Rührstufe).

3. Die Marmelade in sterilisierte, heiß ausgespülte Twist-off-Gläser füllen, diese sofort verschließen, stürzen und erkalten lassen. Die Vanille-Himbeer-Konfitüre bis zum Verzehr kühl aufbewahren.

Zubereitungszeit: 20 Minuten, **Schwierigkeit:** leicht, **Portionen:** 12 Portionen
Pro Portion: Kalorien/Joule: 230/966, Kohlenhydrate: 48 g, Fett: 0,4 g, Eiweiß: 1,5 g

Kiwimarmelade

ZUTATEN

1,5 kg frische Kiwis
6–10 cl Kiwilikör
4 TL Vanillearoma
2 EL geriebene Zitronenschale
Saft von 1 Zitrone
1–2 TL Zimtpulver
1 Messerspitze Einmachhilfe
1 Päckchen Zitronensäure
500 g Super-Gelierzucker (3 : 1)

Variation:
Ersetzen Sie die Kiwis auch einmal durch eine andere exotische Frucht. Ananas, Mangos oder Papayas können Sie ebenso zu köstlichen Marmeladen verarbeiten.

ZUBEREITUNG

1. Die Kiwis dünn schälen, vierteln, mit dem Kiwilikör, dem Vanillearoma, der geriebenen Zitronenschale, dem Zitronensaft und dem Zimtpulver in den Thermotopf geben.

2. Die Einmachhilfe mit der Zitronensäure und dem Gelierzucker hinzufügen. Das Ganze auf höchster Mixstufe einige Sekunden mixen und köcheln lassen (10–12 Minuten/100 °C/geringe Rührstufe).

3. Die Marmelade in sterilisierte, heiß ausgespülte Twist-off-Gläser füllen, diese sofort verschließen, stürzen und erkalten lassen. Die Kiwimarmelade bis zum Verzehr kühl aufbewahren.

Zubereitungszeit: 20 Minuten, **Schwierigkeit:** leicht, **Portionen:** 12 Portionen
Pro Portion: Kalorien/Joule: 255/1070, Kohlenhydrate: 54 g, Fett: 0,7 g, Eiweiß: 1,3 g

Pflaumenmarmelade

(ohne Abbildung)

ZUTATEN

1 kg Pflaumen
125 ml weißer oder brauner Rum
2 EL Zimtpulver
1 TL Nelkenpulver
2 EL Vanillearoma
1 Messerspitze Einmachhilfe
1 Päckchen Zitronensäure
500 g Gelierzucker Extra (2 : 1)

ZUBEREITUNG

1. Die Pflaumen waschen, halbieren, entsteinen und mit dem weißen oder braunen Rum, dem Zimtpulver, dem Nelkenpulver und dem Vanillearoma in den Thermotopf geben.

2. Die Einmachhilfe mit der Zitronensäure und dem Gelierzucker hinzufügen. Das Ganze auf höchster Mixstufe einige Sekunden mixen und köcheln lassen (10–12 Minuten/100 °C/geringe Rührstufe).

3. Die Marmelade in sterilisierte, heiß ausgespülte Twist-off-Gläser füllen, diese sofort verschließen, stürzen und erkalten lassen. Die Pflaumenmarmelade bis zum Verzehr kühl aufbewahren.

Zubereitungszeit: 20 Minuten, **Schwierigkeit:** leicht, **Portionen:** Für 12 Portionen
Pro Portion: Kalorien/Joule: 235/990, Kohlenhydrate: 150 g, Fett: 0,2 g, Eiweiß: 0,5 g

BROT UND BROTAUFSTRICHE

Kerniges Vollkornbrot

ZUTATEN

250 g Weizenvollkornschrot
500 ml heißes Wasser
250 g Brotmehl (Type 1050)
1 Würfel Frischhefe
2 gestrichene TL Salz
1 EL Leinsamen
2 EL Kürbiskerne
1 EL Sonnenblumenkerne
1 EL Sojakerne

Außerdem:
Sonnenblumenöl zum Ausfetten
Haferflocken zum Ausstreuen

ZUBEREITUNG

1. Den Weizenvollkornschrot in den Thermotopf geben, das Wasser angießen, das Ganze erhitzen (8–10 Minuten/100 °C/geringe Rührstufe) und anschließend den Weizenvollkornschrot etwa 1–2 Stunden einweichen.

2. Das gesiebte Brotmehl, die zerbröckelte Hefe, das Salz, den Leinsamen, die Kürbiskerne, die Sonnenblumenkerne und die Sojakerne dazugeben und die Zutaten zu einem glatten, kompakten Teig verkneten (3 Minuten/Knetstufe).

3. Den Teig mit nassen Händen in eine gefettete, mit Haferflocken ausgestreute Kastenform legen und zugedeckt an einem warmen Ort solange gehen lassen, bis der Rand der Kastenform erreicht ist.

4. Das Vollkornbrot im auf 200–220 °C vorgeheizten Backofen 65–70 Minuten backen. Das fertig gebackene Brot aus dem Ofen nehmen, in der Form auskühlen lassen, aus der Form stürzen, auf einem Kuchengitter erkalten lassen, in Scheiben schneiden und servieren.

Zubereitungszeit: 3 Stunden, **Schwierigkeit:** leicht, **Portionen:** Für 12 Portionen
Pro Portion: Kalorien/Joule: 195/820, Kohlenhydrate: 26 g, Fett: 5 g, Eiweiß: 8 g

Sesambrot

(ohne Abbildung)

ZUTATEN

200 g Roggenmehl (Type 1150)
370 g Brotmehl (Type 1050)
100 g Roggenschrot
20 g Frischhefe
20 g Sauerteigpulver
1 ½ TL Salz
540 ml warmes Wasser

Außerdem:
Wasser zum Bestreichen
1 EL Sesamsamen
Butter zum Ausfetten

ZUBEREITUNG

1. Das Roggenmehl, das Brotmehl und den Roggenschrot in den Thermotopf geben und auf niedriger Mixstufe (einige Sekunden) verrühren.

2. Die zerbröckelte Frischhefe, das Sauerteigpulver, das Salz und das warme Wasser dazugeben und die Zutaten verrühren (3 Minuten/30 °C/geringe Rührstufe). Anschließend die Zutaten zu einem glatten Teig verkneten (3 Minuten/Knetstufe).

3. Den Teig zu einem Laib in der Größe einer Kastenform formen, mit Wasser bestreichen, mit den Sesamsamen bestreuen, in die gefettete Form legen und zugedeckt an einem warmen Ort zur doppelten Menge aufgehen lassen.

4. Das Sesambrot im auf 200–220 °C vorgeheizten Backofen 45–50 Minuten backen. Das fertig gebackene Brot aus dem Ofen nehmen, in der Form auskühlen lassen, aus der Form stürzen, auf einem Kuchengitter erkalten lassen, in Scheiben schneiden und servieren.

Zubereitungszeit: 2 Stunden, **Schwierigkeit:** leicht, **Portionen:** Für 12 Portionen
Pro Portion: Kalorien/Joule: 200/840, Kohlenhydrate: 38 g, Fett: 1,5 g, Eiweiß: 6 g

Kräuterbrötchen

ZUTATEN

500 g Mehl
1 Päckchen Trockenhefe
250 ml lauwarmes Wasser
1 TL Zucker
1 TL Salz
50 ml Olivenöl
50 g gemischte, frische Kräuter (Rosmarin, Thymian, Mayoran, Petersilie)
Fett für das Backblech

Variation:
Statt der Kräuter können Sie auch Nüsse, Kerne oder Samen unter den Hefeteig arbeiten. Ganz besonders gut werden die Brötchen wenn Sie sie mit glasierten Speckzwiebeln verfeinern.

ZUBEREITUNG

1. Das Mehl in eine Schüssel sieben und mit der Trockenhefe vermischen. Das Wasser, den Zucker, das Salz und das Olivenöl in den Thermotopf geben.

2. Die verlesenen, gewaschenen und fein gehackten Kräuter mit der Mehlmischung hinzufügen und das Ganze zu einem glatten Teig verkneten (3–4 Minuten/Knetstufe).

3. Den Teig in eine mit Olivenöl ausgestrichene Schüssel geben, mit einem sauberen Küchentuch abdecken und den Teig an einem warmen Ort zur doppelten Menge (etwa 30 Minuten) aufgehen lassen.

4. Den Teig auf einer bemehlten Arbeitsfläche nochmals kräftig mit bemehlten Händen durchkneten. Aus dem Teig 20–24 Brötchen formen, diese nochmals kurz gehen lassen und in dem auf 200–220 °C vorgeheizten Backofen 15–20 Minuten backen.

5. Nach Ende der Backzeit die fertig gebackenen Brötchen aus dem Backofen nehmen und noch warm servieren.

Zubereitungszeit: 1 Stunde, **Schwierigkeit:** leicht, **Portionen:** Für 12 Stück
Pro Portion: Kalorien/Joule: 210/880, Kohlenhydrate: 34 g, Fett: 5 g, Eiweiß: 6 g

Butterweißbrot

(ohne Abbildung)

ZUTATEN

550 g Weizenmehl (Type 405)
60 g Butter
1 Würfel Frischhefe
1 gestrichener TL Salz
350 ml lauwarme Milch

ZUBEREITUNG

1. Das Weizenmehl in den Thermotopf sieben. Die Butter in Flöckchen daraufsetzen. Die zerbröckelte Frischhefe, das Salz und die lauwarme Milch dazugeben.

2. Die Zutaten zu einem glatten, kompakten Teig verkneten (3–4 Minuten/Knetstufe) und den Teig an einem warmen Ort zur doppelten Menge (etwa 30 Minuten) aufgehen lassen.

3. Den Teig auf einer bemehlten Arbeitsfläche nochmals kräftig mit bemehlten Händen durchkneten. Den Teig halbieren, die Teigstücke leicht flach drücken und jedes Brot mit dem Messer gitterförmig einschneiden.

4. Die Teigstücke auf ein mit Backpapier ausgelegtes Backblech setzen und zugedeckt an einem warmen Ort zur doppelten Menge aufgehen lassen. Die Butterweißbrote in dem auf 200 °C vorgeheizten Backofen 45 Minuten backen, herausnehmen und vor dem Servieren vollständig auskühlen lassen.

Zubereitungszeit: 2 Stunden, **Schwierigkeit:** leicht, **Portionen:** Für 12 Portionen
Pro Portion: Kalorien/Joule: 235/990, Kohlenhydrate: 36 g, Fett: 6 g, Eiweiß: 7,5 g

Hagenrieder Weizenmischbrot

ZUTATEN

450 g Weizenmehl Type 550
100 g dunkles Weizenmehl Type 1050
2 TL Salz
1 TL Brotgewürz
½ TL gemahlener Fenchel
½ TL Nelkenpulver
10 g Frischhefe
70 g Sauerteig (selbst gemacht oder Fertigprodukt)
350 ml warme Milch

Außerdem:
Mehl zum Bestäuben

Variation:
Wenn Sie das Weizenmischbrot dunkler haben möchten, so können Sie auch statt des Weizenmehles auch ein Roggenmehl Type 1150 verwenden.

ZUBEREITUNG

1. Das Weizenmehl und das dunkle Weizenmehl mit dem Salz, dem Brotgewürz, dem Fenchel und dem Nelkenpulver in den Thermotopf geben.

2. Die zerbröckelte Frischhefe und den Sauerteig dazugeben. Die warme Milch angießen und die Zutaten zu einem glatten, kompakten Teig verkneten (3–4 Minuten/Knetstufe).

3. Den Teig zu einem Laib formen und auf ein mit Backpapier ausgelegtes Backblech setzen.

4. Das Weizenmischbrot mit Mehl bestäuben und zugedeckt an einem warmen Ort zur doppelten Menge aufgehen lassen.

5. Das Weizenmischbrot im auf 220 °C vorgeheizten Backofen etwa 50 Minuten backen. Anschließend das fertig gebackene Brot aus dem Backofen nehmen und auf einem Kuchengitter erkalten lassen. Das Weizenmischbrot in Scheiben schneiden und servieren.

Zubereitungszeit: 2 Stunden, **Schwierigkeit:** leicht, **Portionen:** 12 Portionen
Pro Portion: Kalorien/Joule: 205/860, Kohlenhydrate: 36 g, Fett: 2 g, Eiweiß: 7,5 g

Tomatenaufstrich

(Abbildung Seite 112)

ZUTATEN

250 g Tomaten
250 g Mozzarella
1 Glas mit Paprika gefüllte Oliven
1 Röhrchen Kapern
4 Anchovisfilets
einige Tropfen weißer Balsamicoessig
Salz, Pfeffer aus der Mühle
1 TL Zucker
1 Prise Chilipulver
einige Tropfen Olivenöl

Außerdem:
Basilikum zum Garnieren

ZUBEREITUNG

1. Die Tomaten über Kreuz einschneiden, in kochendem Wasser einige Sekunden blanchieren, enthäuten, abschrecken und entkernen. Den Mozzarella in grobe Stücke schneiden und mit den Tomaten in den Thermotopf geben.

2. Die Oliven, die Kapern und die Anchovisfilets hinzufügen. Die Zutaten mit Balsamicoessig beträufeln, mit Salz, Pfeffer aus der Mühle, Zucker und Chilipulver kräftig würzen und das Ganze auf höchster Mixstufe (einige Sekunden) mixen.

3. Das Olivenöl tropfenweise einrühren, den Tomatenaufstrich nochmals nachwürzen, dekorativ anrichten, mit Basilikumblättchen garnieren und im Kühlschrank bis zum Verzehr kühl aufbewahren.

Zubereitungszeit: 15 Minuten, **Schwierigkeit:** leicht, **Portionen:** Für 4 Personen
Pro Portion: Kalorien/Joule: 365/1530, Kohlenhydrate: 10 g, Fett: 25 g, Eiweiß: 15 g

Sonnenblumenkernbrot

ZUTATEN

50 g Weizenschrot
275 g Brotmehl (Type 1050)
125 g Roggenmehl (Type 1150)
20 g Frischhefe
1 ½ gestrichene TL Salz
15 g Sauerteigpulver
350 ml warmes Wasser
3 EL Sonnenblumenkerne

Außerdem:
Sonnenblumenöl zum Ausfetten
Sonnenblumenkerne zum Ausstreuen

Variation:
Die Sonnenblumenkerne können Sie nach Geschmack auch durch Kürbiskerne, Sesam oder Nüsse ersetzen. Sehr gut schmeckt auch eine Mischung aus verschiedenen Kernen.

ZUBEREITUNG

1. Den Weizenschrot, das Brotmehl und das Roggenmehl in den Thermotopf geben und und auf niedriger Mixstufe (einige Sekunden) verrühren.

2. Die zerbröckelte Frischhefe, das Salz, das Sauerteigpulver und das Wasser dazugeben und verrühren (3 Minuten/30 °C/geringe Rührstufe).

3. Zum Schluss die Sonnenblumenkerne einarbeiten und die Zutaten zu einem glatten Teig verkneten (3 Minuten/Knetstufe).

4. Den Teig in zwei Portionen teilen und diese in ausgefettete, mit Sonnenblumenkernen ausgestreute, längliche Brotformen legen.

5. Die Brote mit Mehl bestäuben und zugedeckt an einem warmen Ort zur doppelten Menge aufgehen lassen.

6. Die Sonnenblumenkernbrote in dem auf 200 °C vorgeheizten Backofen etwa 50 Minuten backen, herausnehmen, erkalten lassen und servieren.

Zubereitungszeit: 2 Stunden, **Schwierigkeit:** leicht, **Portionen:** 12 Portionen
Pro Portion: Kalorien/Joule: 205/860, Kohlenhydrate: 34 g, Fett: 3 g, Eiweiß: 7 g

Vollkornbrot

(ohne Abbildung)

ZUTATEN

250 g Weizenvollkornschrot
500 ml Wasser
200 g Vollkornmehl
100 g Weizenmehl (Type 405)
1 Würfel Frischhefe
2 gestrichene TL Salz

Außerdem:
Olivenöl zum Ausfetten
Mehl zum Bestäuben

ZUBEREITUNG

1. Den Weizenvollkornschrot in den Thermotopf geben, das Wasser angießen, das Ganze erhitzen (8–10 Minuten/100 °C/geringe Rührstufe) und anschließend den Weizenvollkornschrot etwa 1–2 Stunden einweichen.

2. Das Vollkornmehl, das Weizenmehl, die zerbröckelte Hefe und das Salz dazugeben und die Zutaten zu einem glatten, kompakten Teig verkneten (3 Minuten/Knetstufe).

3. Den Hefeteig in eine ausgefettete Kastenform geben und der Länge nach mit einem Messer zweimal einschneiden. Den Teig mit Mehl bestäuben und zugedeckt an einem warmen Ort zur doppelten Menge aufgehen lassen.

4. Das Vollkornbrot in dem auf 220 °C vorgeheizten Backofen 60–70 Minuten backen. Das fertig gebackene Brot aus dem Ofen nehmen, in der Form auskühlen lassen, aus der Form stürzen, auf einem Kuchengitter erkalten lassen, in Scheiben schneiden und servieren.

Zubereitungszeit: 3 Stunden, **Schwierigkeit:** leicht, **Portionen:** 12 Portionen
Pro Portion: Kalorien/Joule: 180/755, Kohlenhydrate: 33 g, Fett: 1 g, Eiweiß: 6 g

Sauerteig-Mischbrot

ZUTATEN

Für den Sauerteig:
400 g Roggenmehl (Type 1150)
400 ml warmes Wasser

Außerdem:
350 g Weizenmehl (Type 405)
300 g Roggenmehl (Type 1150)
1 Päckchen Trockenhefe
50 g gemischte, gehackte Nüsse
50 g Sonnenblumenkerne
1 gestrichener EL Salz
1 TL gemahlener Kardamom
Mehl zum Bestäuben

Variation:

Das Sauerteig-Mischbrot ist ein deftiges Brot das auch noch deftige Variationen zulässt. Sie können auch vor dem Backen noch frische Kräuter oder glasierte Speckzwiebeln unter den Teig arbeiten.

ZUBEREITUNG

1. 100 g Roggenmehl mit 100 ml warmem Wasser in den Thermotopf geben und verrühren (3 Minuten/30 °C/geringe Rührstufe). Den Teig in eine große Plastikschüssel mit Deckel geben und zugedeckt 24 Stunden stehen lassen.

2. Am nächsten Tag den Teig erneut in den Thermotopf geben, weitere 100 g Roggenmehl und 100 ml Wasser hinzufügen und verrühren (3 Minuten/30 °C/geringe Rührstufe). Den Teig in eine große Plastikschüssel mit Deckel geben und zugedeckt 24 Stunden stehen lassen.

3. Am dritten Tag den Teig erneut in den Thermotopf geben, weitere 200 g Roggenmehl und 200 ml Wasser hinzufügen und verrühren (3 Minuten/30 °C/geringe Rührstufe). Den Teig in eine große Plastikschüssel mit Deckel geben und zugedeckt 24 Stunden stehen lassen. Nun ist der Sauerteig fertig.

4. Für den Brotteig den Sauerteig in den Thermotopf geben. Das restliche Weizenmehl mit dem restlichen Roggenmehl, der Trockenhefe, den gehackten Nüssen, den Sonnenblumenkernen, dem Salz und dem Kardamom zum Sauerteig geben und alles verkneten (3 Minuten/Knetstufe).

5. Den Teig 20–30 Minuten gehen lassen, nochmals durchkneten und zu einem runden Laib formen. Das Brot auf ein mit Backpapier ausgelegtes Backblech setzen und erneut zudecken gehen lassen.

6. Das Sauerteig-Mischbrot leicht mit Mehl bestäuben, im auf 180–200 °C vorgeheizten Backofen etwa 60 Minuten backen, herausnehmen, erkalten lassen und bis zum Verzehr bereitstellen.

Zubereitungszeit: 4 Tage, **Schwierigkeit:** mittel, **Portionen:** Für 4 Personen
Pro Portion: Kalorien/Joule: 335/1410, Kohlenhydrate: 60 g, Fett: 5 g, Eiweiß: 9 g

Würziges Gänseschmalz

ZUTATEN

1 Zwiebel, 2 Knoblauchzehen, 1 Apfel
1 rote Chilischote
250 g Gänseschmalz
250 g Schweineschmalz
2 Lorbeerblätter
2 Nelken
einige Pfefferkörner
einige Pimentkörner
einige Wacholderbeeren
Salz, Pfeffer aus der Mühle

ZUBEREITUNG

1. Die Zwiebel, die Knoblauchzehen und den Apfel schälen, den Apfel entkernen, alles grob zerkleinern und in den Thermotopf geben. Die Chilischote halbieren, entkernen, waschen, vierteln, zu den Knoblauchzwiebeln geben und das Ganze auf höchster Mixstufe (einige Sekunden) mixen.

2. Das Gänse- und das Schweineschmalz dazugeben, die Gewürze in ein Gewürzsäckchen geben, ebenfalls dazugeben und alles erhitzen (8–10 Minuten/100 °C/geringe Rührstufe). Das Gewürzsäckchen entfernen, das Schmalz mit Salz und Pfeffer kräftig würzen, in dekorative Gläser füllen und im Kühlschrank bis zum Verzehr kühl aufbewahren.

Zubereitungszeit: 20 Minuten, **Schwierigkeit:** leicht, **Portionen:** 12 Portionen
Pro Portion: Kalorien/Joule: 400/1680, Kohlenhydrate: 1,3 g, Fett: 42 g, Eiweiß: 0,1 g

Gemüseaufstrich „Ratatouille“

ZUTATEN

1 Zwiebel
3–4 Knoblauchzehen
1 rote Paprikaschote
3–4 EL Olivenöl
1 Aubergine
1 Zucchini
2–3 Tomaten
2–3 EL Tomatenmark
50 ml Rotwein
Salz, Pfeffer aus der Mühle
1 Prise Cayennepfeffer

Außerdem:
je 1 Zweig Rosmarin und Oregano
1 Bund Basilikum
frisch geriebener Parmesankäse

ZUBEREITUNG

1. Zwiebel und Knoblauch schälen und vierteln. Die Paprikaschote putzen, halbieren, entkernen, waschen und würfeln. Die Zwiebeln, den Knoblauch und die Paprikastücke in den Thermotopf geben, das Olivenöl hinzufügen und das Gemüse kurz dünsten (3 Minuten/120 °C/ geringe Rührstufe).

2. Die Aubergine putzen, waschen und würfeln. Die Zucchini putzen, waschen und würfeln. Mit den enthäuteten, entkernten und gewürfelten Tomaten zum Gemüse geben. Das Tomatenmark einrühren, den Rotwein angießen und das Ganze dünsten (6–8 Minuten/100 °C/geringe Rührstufe).

3. Das fertig gegarte Ratatouille mit Salz, Pfeffer und Cayennepfeffer kräftig abschmecken und die verlesenen, gewaschenen und grob geschnittenen Kräuter untermischen. Anschließend das Ganze auf höchster Mixstufe (einige Sekunden) mixen.

4. Das Ratatouille über einem Sieb gut abtropfen und vollständig erkalten lassen. Das Ratatouille dekorativ anrichten, mit Basilikumblättchen belegen, mit frisch geriebenem Parmesankäse bestreuen und im Kühlschrank bis zum Verzehr kühl aufbewahren.

Zubereitungszeit: 20–25 Minuten, **Schwierigkeit:** leicht, **Portionen:** Für 4 Personen
Pro Portion: Kalorien/Joule: 270/1135, Kohlenhydrate: 12 g, Fett: 18 g, Eiweiß: 10 g

Zwiebelaufstrich

(ohne Abbildung)

ZUTATEN

600 g rote Zwiebeln
1–2 EL Butter
100 ml Rotwein
100 ml Gemüse- oder Geflügelbrühe
2 Bund Frühlingszwiebeln
4 EL milder Feigensenf
1–2 EL Orangenmarmelade
3 Orangen
Salz, Pfeffer aus der Mühle
Speisestärke zum Binden

ZUBEREITUNG

1. Die Zwiebel schälen, grob zerkleinern, in den Thermotopf geben und kurz dünsten (3 Minuten/120 °C/geringe Rührstufe).

2. Den Wein und die Brühe angießen. Die Frühlingszwiebeln putzen, waschen und grob klein schneiden, mit dem Feigensenf und der Orangenmarmelade zu den Zwiebeln geben und garen (8–10 Minuten/100 °C/geringe Rührstufe).

3. Die Orangen großzügig schälen und filieren. Die Filets in Würfel schneiden, zum Zwiebelgemüse geben und einmal aufkochen lassen (5 Minuten/ 120 °C/geringe Rührstufe). Die Zwiebeln mit Salz und Pfeffer kräftig würzen und das Ganze auf höchster Mixstufe (einige Sekunden) mixen.

4. Den Zwiebelaufstrich mit etwas angerührter Speisestärke leicht binden und im Kühlschrank bis zum Verzehr kühl aufbewahren.

Zubereitungszeit: 20–25 Minuten, **Schwierigkeit:** leicht, **Portionen:** Für 4 Personen
Pro Portion: Kalorien/Joule: 225/945, Kohlenhydrate: 25 g, Fett: 10 g, Eiweiß: 4 g

Grahambrot

ZUTATEN

400 g Mehl Type 550
400 g Weizenschrot
½ TL Salz
2 EL Honig
40 g Frischhefe
500 ml warme Milch
125 ml Speiseöl

Außerdem:
Mehl zum Bestäuben

ZUBEREITUNG

1. Das gesiebte Mehl mit dem Weizenschrot und dem Salz in den Thermotopf geben. Den Honig, die zerbröckelte Frischhefe und etwas warme Milch dazugeben und die Hefe kurz gehen lassen.

2. Das Speiseöl und die restliche warme Milch angießen und die Zutaten zu einem glatten, kompakten Teig verkneten (3–4 Minuten/Knetstufe).

3. Den Teig in einen mit Mehl bestäubten Brotkorb legen und zugedeckt an einem warmen Ort zur doppelten Menge aufgehen lassen.

4. Das Brot auf ein mit Backpapier ausgelegtes Backblech stürzen und in dem auf 220 °C vorgeheizten Backofen etwa 45–50 Minuten backen.

5. Das Grahambrot aus dem Backofen nehmen und auf einem Kuchengitter erkalten lassen und bis zum Verzehr bereitstellen.

Zubereitungszeit: 2 Stunden **Schwierigkeit:** leicht, **Portionen:** 12 Portionen
Pro Portion: Kalorien/Joule: 390/1640, Kohlenhydrate: 55 g, Fett: 12 g, Eiweiß: 10 g

Scharfer Linsen-Aufstrich

ZUTATEN

1 Karotte
1 Zwiebel
3 Knoblauchzehen
2 grüne Chilischoten
1 kleine Stange Lauch
2 EL Butterschmalz
etwa 250 ml Gemüse- oder Fleischbrühe
200 g rote Linsen
1 TL Kurkuma
1 TL Anispulver
2 TL gemahlener Kreuzkümmel
2 Tomaten
½ Bund Korianderblätter
Salz, Pfeffer aus der Mühle

ZUBEREITUNG

1. Die Karotte, die Zwiebel und den Knoblauch schälen und grob zerkleinern. Die Chilischoten halbieren, entkernen, waschen und würfeln. Den Lauch putzen, waschen und ebenfalls würfeln.

2. Das Gemüse in den Thermotopf geben, alles auf höchster Mixstufe grob mixen (einige Sekunden). Das Butterschmalz hinzufügen und kurz dünsten (5 Minuten/120 °C/geringe Rührstufe). Die Gemüse- oder Fleischbrühe angießen, die Linsen und die Gewürze dazugeben und alles garen (10–12 Minuten/100 °C/geringe Rührstufe).

3. Die Tomaten enthäuteten, entkernten, zum Gemüse geben und einmal aufkochen lassen (5 Minuten/120 °C/geringe Rührstufe). Die verlesenen, gewaschenen und klein geschnittenen Korianderblätter dazugeben, das Ganze mit Salz und Pfeffer kräftig würzen und auf höchster Mixstufe (einige Sekunden) nochmals mixen.

4. Den Linsenaufstrich in dekorative Gläser füllen und im Kühlschrank bis zum Verzehr kühl aufbewahren.

Zubereitungszeit: 30 Minuten, **Schwierigkeit:** leicht, **Portionen:** Für 4 Personen
Pro Portion: Kalorien/Joule: 130/545, Kohlenhydrate: 15 g, Fett: 4 g, Eiweiß: 6 g

.FEINE KUCHEN

Apfelkuchen

ZUTATEN

Für den Rührteig:
175 g weiche Butter
150 g Zucker
1 Päckchen Zitronenaroma
5 Eier, 250 g Mehl
1 TL Backpulver

Außerdem:
Fett für die Form
Semmelbrösel zum Ausstreuen
750 g Äpfel
50 g Rumrosinen
30 g Mandelblättchen
100 g Zitronenglasur
Puderzucker zum Bestäuben
Mandelblättchen zum Bestreuen

ZUBEREITUNG

1. Die weiche Butter mit dem Zucker und dem Zitronenaroma in den Thermotopf geben und weißschaumig schlagen (Rührbesen/1 Minute/mittlere Rührstufe). Die Eier einzeln nach und nach darunterrühren (Rührbesen/jeweils 1 Minute/mittlere Rührstufe).

2. Das gesiebte Mehl mit dem Backpulver vermischen und unter die Masse rühren (Rührbesen/2 Minuten/mittlere Rührstufe). Den Teig in einer gefetteten, mit Semmelbröseln ausgestreuten Springform (26 cm Ø) glatt streichen.

3. Die Äpfel schälen, vierteln und das Kerngehäuse herausschneiden. Die Äpfel in dünne Schnitze schneiden, mit den Rumrosinen vermischen und gleichmäßig auf dem Teig verteilen. Den Kuchen mit den Mandelblättchen bestreuen und in dem auf 180 °C vorgeheizten Backofen auf der mittleren Schiene 40–45 Minuten backen.

4. Mit einem Holzstäbchen prüfen, ob der Kuchen durchgebacken ist. Den Apfelkuchen aus dem Ofen nehmen und vollständig auskühlen lassen. Den Kuchen mit der nach Packungsanweisung zubereiteten Zitronenglasur beträufeln und diese vollständig abtrocknen lassen.

5. Den Apfelkuchen mit Puderzucker bestäuben, mit Mandelblättchen bestreuen, aus der Form nehmen, auf eine Kuchenplatte setzen, in Stücke schneiden, dekorativ anrichten und bis zum Verzehr kühl stellen.

Zubereitungszeit: 20–25 Minuten, **Schwierigkeit:** leicht, **Portionen:** Für 12–14 Stücke
Pro Portion: Kalorien/Joule: 370/1555, Kohlenhydrate: 44 g, Fett: 17 g, Eiweiß: 6 g

Blaubeerkuchen

(Abbildung Seite 128)

ZUTATEN

Für den Rührteig:
180 g Margarine, 180 g Zucker
1 Prise Salz, 5 Eier, 375 g Mehl
1 Päckchen Backpulver, 4 EL Milch

Für den Belag:
600 g Blaubeeren
500 g Magerquark
4 Eier, 200 g Zucker
6 EL Speisestärke

Außerdem:
Puderzucker zum Bestäuben
Blaubeeren zum Garnieren

ZUBEREITUNG

1. Die Teigzutaten wie im Rezept Apfelkuchen beschrieben zu einem Rührteig verarbeiten. Die Teigmasse in eine mit Backpapier ausgelegte Blechkuchen-Springform (38 x 25 x 7 cm) geben und glatt streichen.

2. Für den Belag die Blaubeeren verlesen, waschen und abtropfen lassen. Den Quark mit den Eiern, dem Zucker und der Speisestärke in den Thermotopf geben und zu einer Creme verrühren (Rührbesen/1 Minute/mittlere Rührstufe).

3. Die Blaubeeren unter die Creme heben, diese auf dem Teig verteilen und den Kuchen im auf 180 °C vorgeheizten Backofen ca. 35 Minuten backen. Anschließend den Kuchen aus dem Backofen nehmen, auf ein Kuchengitter setzen, vollständig auskühlen lassen, mit Puderzucker bestäuben, mit Blaubeeren garnieren, in Stücke schneiden und bis zum Verzehr kühl stellen.

Zubereitungszeit: 20–25 Minuten, **Schwierigkeit:** leicht, **Portionen:** Für 18–20 Stücke
Pro Portion: Kalorien/Joule: 315/1325, Kohlenhydrate: 44 g, Fett: 10 g, Eiweiß: 9 g

Sahneschnitten mit Orangen

ZUTATEN

Für den Rührteig:
250 Butter, 200 g Zucker
1 Päckchen Vanillezucker
1 Päckchen Orangenaroma
3 Eier, 250 g Mehl
4 gestrichene TL Backpulver
100 g gehackte weiße Schokolade
Butter und Semmelbrösel für das Blech

Für Orangencreme:
800 ml Orangensaft
2 Päckchen Vanillepuddingpulver
3–4 EL Zucker
1 Päckchen Orangenzucker

Für Sahnecreme:
600 ml Sahne
2–3 Päckchen Sahnesteif
2 Päckchen Zitronenzucker
Zucker nach Geschmack

Außerdem:
Physalis und fein geschnittene Zitronenmelisseblättchen zum Verzieren

Variation:
Bestreichen Sie den Kuchenboden noch zusätzlich mit Marmelade.

Backzeit: 40–45 Minuten

Zubereitungszeit: 20–25 Minuten

Schwierigkeit: mittel

Portionen: Für 18–20 Stücke

Pro Portion:

Kalorien/Joule:
375/1575

Kohlenhydrate:
36 g

Fett:
23 g

Eiweiß:
4 g

ZUBEREITUNG

1. Die Butter mit dem Zucker, dem Vanillearoma und dem Orangenaroma in den Thermotopf geben und weißschaumig schlagen (Rührbesen/2 Minuten/mittlere Rührstufe).

2. Die Eier einzeln nach und nach darunterrühren (Rührbesen/jeweils 1 Minute/mittlere Rührstufe).

3. Das Mehl und dem Backpulver vermischen, über den Schaum sieben, die fein gehackte weiße Schokolade hinzufügen und alles unter die Buttermasse rühren (Rührbesen/2 Minuten/mittlere Rührstufe).

4. Ein Backblech (24 x 32 cm) ausfetten und mit Semmelbröseln bestreuen. Den Teig einfüllen und glatt streichen. Den Kuchen im auf 180 °C vorgeheizten Backofen 40 Minuten backen.

5. Den fertigen Kuchen aus dem Backofen nehmen, vom Blech auf ein Kuchengitter legen, oben gerade schneiden und den Boden erkalten lassen. Den Rührteigboden einmal waagerecht durchschneiden.

6. Den Orangensaft, das Vanillepuddingpulver, den Zucker und den Orangenzucker in den Thermotopf geben und einen Pudding kochen (8–10 Minuten/100 °C/geringe Rührstufe).

7. Den Pudding aus dem Thermotopf in eine Schüssel geben und unter ständigem Rühren erkalten lassen.

8. Die Sahne mit dem Sahnesteif in den Thermotopf geben und solange schlagen (Rührbesen/mittlere Rührstufe), bis die Sahne steif ist. Den Zitronenzucker einrühren und die Sahne nach Geschmack mit Zucker süßen.

9. Die Orangencreme und die Sahnecreme jeweils in einen Spritzbeutel mit glatter Lochtülle füllen. Den unteren Boden auf eine Tortenplatte legen und mit einem sauberen Schnittenrahmen umschließen.

10. Die Orangencreme und die Sahnecreme abwechselnd in Streifen auf den Kuchenboden spritzen. Mit dem zweiten Boden abdecken und die Streifen versetzt aufspritzen (Orangencreme auf Sahnecreme und umgekehrt).

11. Den Kuchen im Kühlschrank – am besten über Nacht – durchkühlen lassen. Den Kuchen aus dem Kühlschrank nehmen, in Stücke schneiden und dekorativ anrichten. Die Sahneschnitten mit Physalis garnieren, mit den fein geschnittenen Zitronenmelisseblättchen bestreuen und servieren.

Mohnkuchen mit Frischkäse

ZUTATEN

Für den Mürbeteig:
300 g Mehl, 1 Ei
180 g Zucker
1 Päckchen Vanillezucker
180 g Butter
Backpapier für das Blech

Für die Füllung:
500 g Mohnfüllung (Fertigprodukt)
1 Päckchen Karamellpudding (Fertigprodukt)
600 g Äpfel

Für die Creme:
3 Eier
120 g Zucker
1 Päckchen Vanillezucker
400 g Doppelrahmfrischkäse
1 Päckchen Vanillepuddingpulver
100 ml Sahne

Außerdem:
Puderzucker zum Bestäuben
Mohn zum Bestreuen
Apfelspalten und Rosmarinzweige zum Verzieren

ZUBEREITUNG

1. Das gesiebte Mehl in den Thermotopf geben. Das Ei hineingeben, den Zucker und den Vanillezucker darüberstreuen. Die Butter in Flöckchen auf das Mehl setzen.

2. Die Zutaten auf mittlerer Mixstufe (etwa 30 Sekunden) zu einem Mürbeteig verarbeiten. Den Teig zu einer Kugel formen, in Frischhaltefolie wickeln und im Kühlschrank mindestens eine Stunde ruhen lassen.

3. Den Teig auf einer bemehlten Arbeitsfläche in der Größe eines Backbleches ausrollen, auf das mit Backpapier belegte Blech oder in eine Blechkuchen-Springform (38 x 25 x 7 cm) legen und einen Rand hochziehen.

4. Die Mohnfüllung mit dem Karamellpudding glatt rühren und gleichmäßig auf den Teig streichen.

5. Die Äpfel schälen, entkernen und in Würfel schneiden. Die Apfelwürfel auf der Mohnmasse verteilen.

6. Für die Creme die Eier mit dem Zucker und dem Vanillezucker weißschaumig schlagen (Rührbesen/2 Minuten/mittlere Rührstufe). Den Doppelrahmfrischkäse, das Puddingpulver und die Sahne unterrühren (Rührbesen/30 Sekunden/mittlere Rührstufe).

7. Die Masse auf die Apfelwürfel geben und glatt streichen. Den Kuchen im auf 180 °C vorgeheizten Backofen 40–45 Minuten backen, herausnehmen und erkalten lassen.

8. Den Mohnkuchen mit Puderzucker bestäuben und mit Mohn bestreuen. Mit Apfelspalten und Rosmarinzweigen verzieren und bis zum Verzehr kühl aufbewahren.

Backzeit: 40–45 Minuten

Zubereitungszeit: 30–35 Minuten

Schwierigkeit: mittel

Portionen: Für 18–20 Stücke

Pro Portion:

Kalorien/Joule:
350/1470

Kohlenhydrate:
31 g

Fett:
20 g

Eiweiß:
8 g

Birnen-Creme-Schnitten

ZUTATEN

Für den Rührteig:
150 g Butter
175 g brauner Zucker
1 Päckchen Vanillezucker
5 Eier
350 g Mehl
3 TL Backpulver
75 g Schokostreusel
Fett für das Blech

Für die Creme:
1 Päckchen Vanillepuddingpulver
500 ml Milch
2 EL Zucker
250 g Butter

Außerdem:
750 g Birnenspalten
200 g Vollmilchglasur
Puderzucker zum Bestäuben
Rosmarinzweige und Birnenspalten zum Verzieren

Backzeit: 40–45 Minuten

Zubereitungszeit: 80 Minuten

Schwierigkeit: mittel

Portionen: Für 18–20 Stücke

Pro Portion:

Kalorien/Joule:
370/1555

Kohlenhydrate:
36 g

Fett:
21 g

Eiweiß:
5 g

ZUBEREITUNG

1. Die Butter mit dem braunen Zucker und dem Vanillezucker in den Thermotopf geben und weißschaumig schlagen (Rührbesen/2 Minuten/mittlere Rührstufe).

2. Die Eier einzeln nach und nach darunterrühren (Rührbesen/jeweils 1 Minute/mittlere Rührstufe). Das gesiebte Mehl mit dem Backpulver und den Schokostreuseln vermischen, auf die Eicreme geben und unterheben (Rührbesen/30 Sekunden/mittlere Rührstufe).

3. Den Teig auf ein gefettetes Backblech (24 x 32 cm) geben und glatt streichen. Den Kuchen in dem auf 180 °C vorgeheizten Backofen etwa 45 Minuten backen.

4. Den fertig gebackenen Kuchen aus dem Backofen nehmen und auf dem Backblech abkühlen lassen.

5. Das Puddingpulver mit der Milch und dem Zucker in den Thermotopf geben und einen Pudding kochen (8–10 Minuten/100 °C/geringe Rührstufe). Den Pudding aus dem Thermotopf in eine Schüssel geben und unter ständigem Rühren erkalten lassen.

6. Die weiche Butter in den Thermotopf geben, schaumig schlagen (Rührbesen/3 Minuten/mittlere Rührstufe) und den Pudding esslöffelweise (Rührbesen/mittlere Rührstufe) darunterschlagen.

7. Die Birnenspalten gleichmäßig auf dem Kuchen verteilen, die Creme auf die Birnen geben, glatt streichen und im Kühlschrank fest werden lassen.

8. Die Vollmilchglasur grob hacken, in den Thermotopf geben, auf höchster Mixstufe (einige Sekunden) zerkleinern, schmelzen (2 Minuten/ 50 °C/geringe Rührstufe) und den Kuchen damit überziehen. Die Glasur fest werden lassen.

9. Die Birnen-Creme-Schnitten in Stücke schneiden, mit Puderzucker bestäuben, mit Rosmarinzweigen und Birnenspalten verzieren und bis zum Verzehr kühl stellen.

Mokkakuchen mit Rum

ZUTATEN

Für den Rührteig:
250 g Butter oder Margarine
80 g Zucker
abgeriebene Schale von 1 Zitrone
1 Prise Salz
4 Eier
120 g Mehl
120 g Speisestärke
2 TL Backpulver
3 EL Zitronensaft
80 g Zucker
Butter zum Ausfetten

Für die Schokoladencreme:
500 ml Milch
3–4 EL Zucker
1 Päckchen Schokoladenpuddingpulver
250 g Butter
75 g Puderzucker
2 EL Kakaopulver

Außerdem:
Puderzucker zum Bestäuben
Mokkabohnen zum Garnieren

Backzeit: 40–45 Minuten

Zubereitungszeit: 50 Minuten

Schwierigkeit: mittel

Portionen: Für 18–20 Stücke

Pro Portion:

Kalorien/Joule:
350/1470

Kohlenhydrate:
29 g

Fett:
23 g

Eiweiß:
3 g

ZUBEREITUNG

1. Die Butter oder Margarine mit dem Zucker, der Zitronenschale und dem Salz in den Thermotopf geben und weißschaumig schlagen (Rührbesen/2 Minuten/mittlere Rührstufe).

2. Die Eier einzeln nach und nach darunterrühren (Rührbesen/jeweils 1 Minute/mittlere Rührstufe).

3. Das Mehl mit der Speisestärke und dem Backpulver vermischen, auf die Masse sieben und mit dem Zitronensaft unterrühren (Rührbesen/30 Sekunden/mittlere Rührstufe).

4. Eine Kastenform (30 cm Länge) ausfetten. Den Teig einfüllen und den Kuchen im auf 180 °C vorgeheizten Backofen 40–45 Minuten backen.

5. Den fertig gebackenen Kuchen aus dem Backofen nehmen, 10 Minuten in der Form ruhen lassen, anschließend auf ein Kuchengitter stürzen und erkalten lassen.

6. Für die Füllung die Milch mit dem Zucker und dem Schokoladenpuddingpulver in den Thermotopf geben und einen Pudding kochen (8–10 Minuten/100 °C/geringe Rührstufe). Den Pudding aus dem Thermotopf in eine Schüssel geben und unter ständigem Rühren erkalten lassen.

7. Die weiche Butter mit dem Puderzucker und dem Kakaopulver in den Thermotopf geben, schaumig schlagen (Rührbesen/3 Minuten/mittlere Rührstufe) und den Pudding esslöffelweise (Rührbesen/mittlere Rührstufe) darunterschlagen.

8. Den Kuchen zwei- bis dreimal mit einem scharfen Kuchenmesser waagerecht durchschneiden. Die unteren Teiglagen mit der Schomoladencreme bestreichen und den Kuchen wieder zusammensetzen.

9. Den Kuchen mit Puderzucker bestäuben. Die restliche Schomoladencreme in einen Spritzbeutel füllen und auf die in Scheiben geschnittenen Kuchenstücke dressieren. Die Creme mit den Mokkabohnen garnieren und den Kuchen bis zum Verzehr kühl stellen.

Joghurt-Kirsch-Schnitten vom Blech

ZUTATEN

Für den Rührteig:
150 g Butter
125 g brauner Zucker
1 Päckchen Vanillezucker
5 Eier, 250 g Mehl
1 EL Kakaopulver
2 TL Backpulver
75 g Schokoblättchen
Fett für das Blech
Semmelbrösel zum Bestreuen
2 Gläser Schattenmorellen (à 270 g Abtropfgewicht) oder 750 g frische, entsteinte Sauerkirschen

Für die Joghurtcreme:
100 ml Milch
75 g Zucker
2 Päckchen Vanillezucker
10 Blatt weiße Gelatine
500 g Naturjoghurt
400 ml süße Sahne

Außerdem:
1 Päckchen Tortenguss rot
250 ml Kirschsaft
frische Kirschen und Zitronenmelisse zum Verzieren

Backzeit: 35–40 Minuten

Zubereitungszeit: 4 Stunden

Schwierigkeit: mittel

Portionen: Für 18–20 Stücke

Pro Portion:

Kalorien/Joule: 320/1345

Kohlenhydrate: 32 g

Fett: 18 g

Eiweiß: 5 g

ZUBEREITUNG

1. Die Butter mit dem braunen Zucker und dem Vanillezucker in den Thermotopf geben und weißschaumig schlagen (Rührbesen/2 Minuten/mittlere Rührstufe).

2. Die Eier einzeln nach und nach darunterrühren (Rührbesen/jeweils 1 Minute/mittlere Rührstufe).

3. Das Mehl mit dem Kakaopulver und dem Backpulver vermischen, auf die Butter-Ei-Creme sieben und mit den Schokoblättchen unterrühren (Rührbesen/30 Sekunden/mittlere Rührstufe).

4. Den Teig auf ein gefettetes, mit Semmelbröseln ausgestreutes Backblech (24 x 32 cm) streichen, mit den gut abgetropften Schattenmorellen belegen und im auf 180 °C vorgeheizten Backofen etwa 35 Minuten backen.

5. Den fertig gebackenen Schoko-Kirschboden aus dem Backofen nehmen, leicht auskühlen lassen und auf einem Kuchengitter erkalten lassen.

6. Die Milch mit dem Zucker und dem Vanillezucker in den Thermotopf geben, erwärmen (1 Minuten/120 °C/geringe Rührstufe) und die gut gewässerte, ausgedrückte Gelatine darin auflösen.

7. Die Milch erkalten lassen und kurz vor dem Festwerden den Naturjoghurt unterrühren. Die Sahne mit dem Sahnesteif in den Thermotopf geben und solange schlagen (Rührbesen/mittlere Rührstufe), bis die Sahne steif ist. Die steif geschlagene Sahne unter die Joghurtmasse heben.

8. Den Kuchen auf eine Kuchenplatte legen und mit einem Schnittenrahmen umschließen. Die Joghurtcreme darauf glatt streichen und im Kühlschrank fest werden lassen.

9. Den Tortenguss mit dem Kirschsaft in den Thermotopf geben, erhitzen (2 Minuten/120 °C/geringe Rührstufe) und den Kuchen damit verzieren. Den Guss fest werden lassen, die Joghurt-Kirsch-Schnitten in Stücke schneiden, mit frischen Kirschen und Zitronenmelisseblättchen verzieren und servieren.

Zwetschgenschnitten mit Baiserhaube

ZUTATEN

Für den Hefeteig:
20 g Frischhefe
50–80 ml warme Milch
250 g Mehl
50 g Butter
50 g Zucker
1 Päckchen Vanillezucker
1 Ei, Fett für das Blech

Für den Belag:
1 Päckchen Mohnback
(250 g, Fertigprodukt)
1,5 kg Zwetschgen oder Pflaumen
250 ml süße Sahne
1 Ei
50 g Zucker
25 g Mehl
1 TL Zimt

Für die Baisermasse:
8 Eiweiß
1 Prise Salz
240 g Zucker

Außerdem:
Puderzucker zum Bestäuben
frische Zwetschgen oder Pflaumen zum Verzieren

Backzeit: 40–45 Minuten

Zubereitungszeit: 2 Stunden

Schwierigkeit: mittel

Portionen: Für 12–14 Stücke

Pro Portion:

Kalorien/Joule:
430/1805

Kohlenhydrate:
64 g

Fett:
15 g

Eiweiß:
5 g

ZUBEREITUNG

1. Die zerbröckelte Hefe mit der Milch und etwas Zucker in den Thermotopf geben und gehen lassen (2 Minuten/35 °C/geringe Rührstufe).

2. Das gesiebte Mehl, die weiche Butter, den restlichen Zucker, den Vanillezucker und das Ei zur Hefemilch geben und alles zu einem glatten, kompakten Teig verkneten (3 Minuten/Knetstufe).

3. Anschließend den Hefeteig im Thermotopf zugedeckt zur doppelten Menge aufgehen lassen.

4. Den Hefeteig auf eine bemehlte Arbeitsfläche geben, mit den Händen nochmals durchkneten, ausrollen und auf ein gefettetes Backblech legen.

5. Das Mohnback glatt rühren und auf den Teig streichen. Die Zwetschgen waschen, gut abtropfen lassen, halbieren, entsteinen und dachziegelartig auf dem Teig verteilen. Den Kuchen nochmals gehen lassen.

6. Die Sahne mit dem Ei, dem Zucker, dem Mehl und dem Zimt verquirlen. Die Masse über die Zwetschgen gießen und den Kuchen im auf 180 °C vorgeheizten Backofen 40–45 Minuten backen.

7. Nach Ende der Backzeit den Kuchen aus dem Backofen nehmen und auf dem Blech abkühlen lassen.

8. In der Zwischenzeit die Eiweiße mit dem Salz in den Thermotopf geben und zu sehr steifem Schnee aufschlagen (Rührbesen/3–4 Minuten/mittlere Rührstufe). Den Zucker einrieseln lassen und solange weiterschlagen (Rührbesen/1–2 Minuten/mittlere Rührstufe), bis sich der Zucker vollständig aufgelöst hat.

9. Die Baisermasse auf die Zwetschgen geben, mit einer Palette verstreichen und den Kuchen im auf 200 °C vorgeheizten Backofen auf der obersten Schiene solange abflämmen, bis die Oberfläche hellbraun ist.

10. Den fertig gebackenen Kuchen aus dem Backofen nehmen, erkalten lassen und in Stücke schneiden.

11. Die Zwetschgenschnitten mit Puderzucker bestäuben, mit frischen Zwetschgenspalten garnieren und bis zum Verzehr kühl stellen.

Impressum

Benzstraße 56
71272 Renningen
www.vivo-buch.de

ISBN 978–3–945623–11–4